JN436982

행복한 금요일

행복한 금요일

서병호 수필집

수필과비평사

■ 작가의 말

나이 일흔에 자서전 《기차는 여덟시에 떠나네》를 세상에 내놓았다. 십오 년이 흘렀다. 다시 책을 낼 생각은 없었다. 인생을 마무리하며 2016년 아주 늦깎이로 《수필과 비평》으로 등단하여 몇 편 쓴 컴퓨터에 잠자는 글을 깨워 인생을 마무리하며 묶어 본다.

돌아보니 별 회한은 없다. 하고 싶은 일을 열심히 하였고, 하나님의 자녀로 신앙생활한 것이 제일 잘한 일 같다. 좋은 부모님과 형제들, 아내와 사랑하는 내 아이들, 며느리들 사위, 여섯 명의 손주들, 고맙기 그지없다. 좋은 친구들, 동료들, 이끌어 준 많은 분들께 감사할 뿐이다. 역시 인생은 살아볼 만하다.

2023. 여름날

서병호

| 차례 |

1부

2부

3부

4부

5부

1부

《여행의 기술》에 대한 단상

4월의 봄

갈까, 말까

긴 이름을 가진 호텔

남기고 싶은 이야기 – 실패한 신문 기자

남의 아재

내가 본 진풍경

스칸디나비아 나라들 – 노르웨이 편

《여행의 기술》에 대한 단상

우리가 흔히 말하는 '여행'은 길게는 몇 달, 짧게는 며칠 동안 해외 여러 나라를 돌아보는 일반 여행을 의미한다.

'여행'은 여행 목적이 뚜렷해야 한다. 여행객은 목적에 따라 임무가 부여되고 해당 국가를 조사, 실험하는 고도의 전문인이다.

30권의 여행기를 출간한 훔볼트는 남미의 지도를 다시 그렸고, 지구의 자기 연구, 고무나무 해설, 해류 개념을 정립한 과학자이다.

젊은 독일인은 회고록에서 "나는 어렸을 때부터 유럽인

들이 가보지 않은 먼 나라를 여행하고 싶은 충동을 느꼈다."라고 미지의 세계를 동경했다. 그는 먼 나라를 동경했을 뿐만 아니라 호기심을 가졌다.

호기심은 새로운 것을 발견하고 새로운 것을 창조하는 첫걸음이다.

훔볼트가 1806년 침보라소산의 폭이 20센티미터인 능선에서 파리에서 가졌던 호기심은 그가 일곱 살 때 품었던 질문으로 거슬러 올라간다고 한다. 호기심은 어렸을 때 가지는 것이 정상이며 그때의 의문, 호기심은 성인이 되어 실현시키는 것을 흔히 본다.

왜, 성당의 벽과 지붕에 그려진 그림에 대해 질문이 없겠는가?

"야자나무가 살 수 있는 고도 상한은 어디인가?"

"왜, 자연은 지역마다 다를까?"

질문이 없으면 흥분도 일어나지 않는다. 여행에서 호기심, 의문, 질문은 핵심이다. 그저 눈에 보이는 것만으로 만족한다면 새로운 것을 만드는 데 도움이 되지 않는다.

또 다른 여행가 플로베르는 열두 살 난 소년 때부터 "나의 꿈은 프랑스 루앙을 떠나 이집트에서 낙타를 모는 사람이 되어, 올리브빛 피부의 여자에게 동정을 잃는 것"이라고 자기 조국 프랑스를 경멸했다.

그는 카이로에서 보낸 편지에 "가장 훌륭한 것은 낙타입니다. 낙타들이 병사들처럼 한 줄로 서서 지평선을 가로질러 나가는 모습을 한번 보셔야 합니다. 타조처럼 고개를 쭉 빼고 끝도 없이 가지요. 끝도 없이…."라고 썼다.

마르세유로 가는 길에 다른 승객들은 멍하니 경치를 바라보고 있었지만 플로베르는 갑판 위의 여자를 뚫어져라 바라보았다.

그는 이집트 여행일기에 이렇게 썼다. "그녀 앞쪽으로 단추가 두 줄로 달려 있어서 그녀의 몸을 꽉 죄면서 엉덩이 윤곽을 드러냈다. 엉덩이 근처에서 치마의 수많은 주름이 밑으로 흘러내려, 바람에 흔들리며 그녀 무릎을 문지르고 있었다. 그녀는 꼭 맞는 까만 장갑을 끼고, 여행하는 시간 대부분을 난간에 기대어 강둑만 바라보고 있었다…."

작가란 사물을 묘사하는 재주와 문장을 이어가는 힘을 가져야 한다. 그는 마주치는 사람들에 대한 이야기를 지어내야 한다는 강박감에 사로잡혀 있다. 우리도 여행 중 말을 붙여보고 싶은 여인을 운 좋게 만나기를 바란다. 그래서 의외의 소득이 생기기도 한다. 글을 써야 하는 강박감만 없으면 재미가 있을 것이다. 훨씬 넓게 깊게 보고 느낄 수 있을 테니까.

작가는 2000년 9월 14일 작가와 3박 4일로, 나는 아내, 장남과 함께 1990년 9월(날짜 미상) 1박 2일로 레이크 디스트릭트를 둘러보며 다녔다.

이 지방은 낭만주의 시인 윌리엄 워즈워스(1770 ~ 1850)를 낳았다. 이 지방의 자연이 그를 위대한 자연주의 시인으로 만들었다. 레이크 디스트릭트와 워즈워스는 떼려야 뗄 수 없는 관계다.

나는 워즈워스의 시를 모르는 상태에서 이 지방을 찾았고, 작가는 그의 시와 자연에 대한 철학까지 공부를 한 후 찾았다. 영국인들은 영국에서 꼭 가볼 만한 곳으로 캔터베리, 요크, 레이크 디스트릭트 세 곳을 든다. 캔터베리는 천당과 제일 가까우니 그렇고, 요크의 아름다움이야 미국 이민자들이 미국 땅에 '새 요크'를 세운 것만 보아도 알 수 있다. 그런데 레이크 지방은 순전히 자연 풍광 때문이다.

4월이 오면 레이크 지방에서는 어디에도 예외 없이 수선화가 핀다. 산들바람에 춤추듯 흔들리는 수선화는 새봄이 왔음을 알려준다.

> 골짜기와 언덕 위를 높이 떠도는
> 구름처럼 외로이 헤매다가
> 문득 나는 보았네
> 한 무리의 황금빛 수선화를
> 호숫가에서, 나무 아래서,
> 바람을 따라 한들한들 춤추는 것을.
>
> – 워즈워스, 수선화(Daffodils)

시인은, 무엇보다도 자연은 새, 냇물, 수선화, 양羊으로 이루어져 있다고 생각했다. 그는 또 도시의 삶으로 인한 심리적 피해를 치료하는 불가결한 약이라고 말한다.

우리는 워즈워스가 거닐었음직한 호숫가를 지나 험준하지 않은 구릉지를 걷자니 황홀경이 펼쳐진다. 왜 수많은 작가들이 레이크 지방을 칭송하고 그들의 작품에 담았는가를 알 수 있을 것 같다.

우리는 작가가 여행한 같은 지역을 밟으면서 작가의 시각과 표현이 우리와 얼마나 다른가를 절감했다. 작가는 '시골 풍경'의 대표적 여행지로 레이크 지방을 꼽았고 이곳을 안내하는 안내자로 워즈워스를 선정, 그를 통해 이 지방을 이야기하고 있다.

《피터 래빗 이야기》를 출간해 부와 명성을 얻게 된 작가 베아트릭스 포터도 이 지방을 사랑했다. 포터는 이 지방을 개발 붐으로부터 보호하기 위해 인세 수입으로 500만 평의 땅을 사들여 내셔널트러스트에 기증했다.

그녀는 땅을 기증하면서 "현재 있는 그대로 보존할 것"

을 조건으로 달았다고 한다. 포터의 자연사랑 정신이 없었더라면 이 지방이 지금의 자연 그대로 남아 있었을까? 우리는 레이크 디스트릭트의 아름다움은 영원히 보존되리라 믿는다.

소망교회 교수선교회의 일원으로 아내와 함께 2004년 2월 시나이산을 오른 적이 있다. 작가도 이 여행책에서 '숭고sublime함에 대하여'를 다루는데 바로 시나이사막을 여행했다. 시나이사막은 특정 종교와 밀접한 관계가 있기에 생략한다.

작가는 빈센트 반 고흐의 1888년 2월 말부터 15개월 동안 프로방스에서의 작품생활을 집중적으로 다루었다.

반 고흐는 그동안 그림 200점, 스케치 100점 그리고 200통의 편지를 쓴다. 그의 초기 작품들은 눈 덮인 아를, 맑고 파란 하늘, 얼어붙은 분홍색의 땅을 보여준다.

반 고흐는 동생에게 파리에서 아를로 이사 온 이유 두 가지를 댔다.

첫째, "남부를 그리고 싶었"고 또 하나는 자신의 작품을 통해서 다른 사람들이 남부를 "보도록 돕고 싶었"기 때문이다.

그는 프로방스를 좋아하면서 "나는 햇빛을 잔뜩 받으면서 일한다. 정말이지 서른다섯이나 먹어서 이곳에 오는 것이 아니라 스물다섯에 이 땅을 알았다면 얼마나 좋았을까."라고 후회 투로 말했다.

그는, 화가는 세상의 한 부분을 그릴 수 있고 그 결과 다른 사람들이 눈뜨게 해 줄 수 있다는 믿음을 갖고 있었다. 그에게 독특한 색깔과 분위기를 보여준 화가를 칭송하곤 했다. 예를 들면 벨라스케스는 회색을 볼 수 있는 지도를 주었다. 반 고흐가 보기에, 벨라스케스는 빛의 세계에서 새로운 대륙을 발견한 사람이나 다름없었다. 그의 그림을 본 뒤에는 프로방스의 색깔에도 뭔가 특이한 것이 있었다는 사실이 눈에 띄기 시작했다.

알프스산맥에서 불어오는 바람은 구름과 습기를 씻어가고, 순수하고 풍부한 파란색만 남는다. "밤은 낮보다 색깔이 훨씬 더 풍부해…."라고 반 고흐는 누이에게 설명했다.

아를의 관광안내소 입구에 설치된 해바라기 포스터는 "빈센트 반 고흐의 땅에 오신 것을 환영합니다."라고 외치고 있다.

'반 고흐의 길'도 있다. 작가는 밀밭과 올리브 숲을 보면서 그림 애호가들과 함께 가이드 투어를 했다.

"원래의 모습에는 감탄하지 않으면서 그것을 닮게 그린 그림에는 감탄하니, 그림이란 얼마나 허망한가." (판세, 단장 40)

수준 높은 여행서임에 틀림없다.

가고 싶은 곳을 선정하고, 그곳의 인물을 찾아 그 인물을 통한 여행에 관한 역사, 지리 및 철학 등을 쏟아 놓는 식이다.

얼핏 책 제목만 보아서는 속을 수가 있다. 마치 여행을 잘할 수 있는 기술art을 보여주는 책인 것처럼. 그런데 여행과는 별 관계가 없는 그 지방의 인물을 탐구하여 그 사람을 소개하고 있다고 본다면 심한 욕이 될지.

이제 여행서도 자연이나 풍경 중심에서 인물 중심으로 쓰여야 읽히는 시대가 온 것 같다. 어떻든 안내자들의 정보가 많아 유익한 책임에는 분명하다.

4월의 봄

봄의 소리가 들린다. 누구에게나 찾아오는 봄 소리가 올해도 어김없이 들린다.

음력설만 지나면 봄이 찾아오는 것을 피부로 느낀다. 옛날엔 '입춘대길立春大吉'이란 글씨를 대문짝에 붙였지. 새해를 맞아 만복이 집안에 가득하기를 바라는 뜻에서 붙이는 전통이었다.

우선 봄이 오면 겨울 내내 입었던 내복을 벗어버린다. 지금은 봄이 와도 변덕스러운 봄 날씨에 내복과 결별을 못하고 전전긍긍한다. 사월이 되어야 냉기에서 해방된다.

봄은 우리에게 희망을 안겨준다. 그러기에 봄이 아주 중요하다.

나라마다 봄에 대한 느낌은 다르다. 사월을 '잔인한 달'이라고 부르는가 하면, 만물이 소생하는 '생명의 달'이라고도 부른다.

영국에서는 봄은 부활절이 지나야 온다는 말이 있다. 4월 부활절 휴가철이 되어야만 시골 박물관이 문을 연다. 겨울에 시간이 있다고 시골을 다니면서 박물관 구경을 하겠다면 허탕치기 일쑤다. 사순절부터 삼라만상이 기지개를 펴기 시작하고, 사람들은 야외 나들이에 나선다. 그것도 도회지가 아닌 시골로부터 온다. 날씨는 온화하다. 영국의 봄은 따듯하고 오랜만에 밝다. 겨울 내내 음산하고 잿빛이던 우울에서 벗어난다.

길가에 심겨진 수선화는 누가 심었는지. 눈 속에서 솟아오른 꽃봉오리는 무엇이라 표현할 수 없다. 집집마다 대문 옆에 가꾸어 놓은 정원에서 어떤 꽃이 피는지 봄만 되면 궁금해진다.

수선화는 이월이 되면 뿌리에서 20에서 30센티 되는 꽃줄기가 나온다. 사월이 되면 그 줄기 끝에서 백색, 황색, 홍색의 꽃이 피기 시작한다. 여러 색깔이 있지만 흰색이 으뜸이다.

수선화의 속명은 나르키소스다. 나르키소스는 그리스 신화에 나오는 미소년으로, 연못 속에 비친 자신의 아름다운 모습에 반해 그것을 잡으려다 물에 빠져 죽고 말았다. 나르키소스가 죽은 자리에 핀 꽃이 바로 수선화다. 그러기에 수선화는 자기애, 자기주의, 고결, 신비, 자존심을 의미한다. 이른봄 잔설 속에서 꽃줄기를 밀어내고 흰색깔의 꽃을 피운 수선화는 신비할 정도로 순수하다. 수선화는 진정 신비하다.

한국은 봄만 되면 꿈틀거린다. 지난 1960년 봄엔 부정선거가 폭로되고 김주열 군이 마산 앞바다에서 처참한 시체로 떠올랐을 때 누가 이 장면을 외면할 수 있었겠는가.

'4·26 교수 데모'가 생각난다. 4·19 혁명은 시민혁명이 아니라 학생혁명으로 규정되었으면 한다. 그 때 나는 대학 4학년생이었다. 이화장이 내려다보이는 낙산 하숙집에서 신문을 보며 앉아 있을 수가 없었다. 길 건너 낙산다방으로 가 한국일보 김해도 기자로부터 사회부 데스크와 통화 내용에서 의대 함춘원에서 교수들의 데모가 있다는 정보를 얻었다. 서울의대에서 시청 앞까지의 데모 행렬이다. 나는 물통 둘을 구해 목마른 교수들에게 물을 공급하는 일을 맡았다. 교수들과 같이 "부정선거원흉을 처단하라!", "이승만 대통령은 하야하라!" 등 평소에 듣지 못한 구호를 외치면서 종로대로에 나온 시민들과 어울렸다.

약 이백 명의 교수 데모대원들이 대학생들의 보호 아래 별다른 충돌 없이 순조롭게 진행되었다. 교수들은 일반인이나 불순분자들이 가세하여 데모의 의미가 희석되지 않기를 바라고 있었다. 순수한 교수들만의 데모에서 일반인들, 학생층으로 확대되어 해 질 무렵에는 광화문에 계엄군의 탱크가 나타났다. 계엄군은 민간인이 탱크에 오르는 것을 허용했다.

1967년 진보잡지 《청맥》에 "아! 4·19 영원한 기억" 기사에 잘 기록되어 있다.

매년 사월이 되면 영국의 수선화와 함께 우리의 민주화 정치사를 되돌아보게 된다. 올사월엔 여느 때보다 더 심각한 대통령 선거로 울적하고 심란하다. 이 봄 영국 히드로 공항에 핀 하얀 수선화를 보면 내 우울이 좀 가실까. 그 공항에 내리고 싶다.

봄의 전령사 수선화 같은 한국의 정치문화가 이루어지도록 비는 마음이다.

갈까, 말까

아내의 못마땅해 하는 눈총을 받으며 배낭을 메고 집을 나선다. 매주 금요일, 친구들과 등산을 가는 길이다. 말이 등산이지 이제는 그냥 과천대공원 주위를 걷는 일정이다. 이른바 금요산책팀이다. 여덟 명으로 구성된 노병들이다. 아내는 매번 말한다. "걷는 것은 좋지만 코로나 시기에 밀폐된 공간에 모여 얘기하며 식사하는 것, 제발 하지 말고 돌아오라."고 당부한다. 사실 마음은 잿밥에 있다. 걷는 것보다 막걸리잔을 나누며 맛있는 점심 먹고 얘기하는 게 우리에게 더 중요하고 좋은 메뉴다.

일주일 내내 집안이나 집 부근을 맴돌다, 금요일 점심시간은 귀중한 시간이다. 먹는 것 이상으로 만족스럽고 재미있다. 목이 마른 상태에서 막걸리와 소주는 기분을 업시키는 데 절대적이다. 여덟 명을 수용할 수 있는 장소를 찾기가 쉽지 않다. 거리를 1미터 이상 두어야 하기 때문이다. 식당에서 거리 두기를 지킨다는 것은 거의 불가능하다.

그 많은 직장의 회식 자리에서 거리 두기를 어떻게 처리할 것인가. 식당 주인의 손에 달렸다. 손님이 적다 보니 코로나 전보다 친절하고 서비스가 좋아졌다. 회원들은 식사의 질에 적극적으로 의견을 개진하여 메뉴를 바꾸기도 하고 식당 자체를 바꾸자고 제의하기도 한다. 동태찌개에서 돼지갈비나 일식 정식으로 바꾸기도 했다.

이번 사태는 개인적인 용돈을 쓸 기회를 줄여 주었다. 극장, 공연장, 운동장 등에 찾아가 즐기는 기회를 박탈당했다. 연금으로 생활하는 한 친구는 "돈 쓸 데가 없어 용돈이 남아돈다."고 털어놓았다. 식사대 정도인데 그나마 집에서 삼식을 할 경우에는 더욱 돈 쓸 곳이 없다. 돈이 남아 사용처를 찾지 못하면 낭패다.

영국 경제학자 J.M. 케인즈는 저서 《일반이론》에서 "돈을 뿌리면 수요가 발생한다."는 원리를 주장했다 이 주장에 따라 '완전고용을 실현하기 위해 정부의 공공지출이 필요하다.'는 인식이 널리 퍼졌다. 돈을 풀면 수요가 증가되어 경제가 굴러간다는 케인즈 이론을 한국정부가 실천하고 있다. 난생처음으로 동사무소에서 재난 지원금이 들어있는 카드를 받았다. 좋은 세상이 온 것은 틀림없다.

지난 사월, 총선 계절에 현금이 살포되는 기이한 현상을 그 누구도 지적하지 않았다.

'돈 앞에서는 약해진다.'는 말이 맞다. 정부가 재정적자 상태에서 돈을 뿌려야 할 상황에 처할 경우 어떻게 할 것인가 IMF가 돈을 빌려줄 것인가.

이번 코로나 사태에서 눈에 띄는 변화는 한 단계 성숙한 시민의식이다. 코로나 초기 마스크를 구입하기 위해 동네 약국 앞에 줄을 서 있는 광경은 보기 좋았다. 지하철승객들이 하나같이 마스크를 착용한 것을 보고 놀라지 않을 수 없다. 깨끗한 마스크는 일종의 멋을 보여주는 패션쇼 같았다. 중앙정부와 지자체가 앞장서고 서로 긴밀한 협조체제를 갖추었다.

국민들은 의료인의 봉사정신에 찬사를 보내고 그들을 신뢰했다. IMF 금융위기 시 '금 모으기'와 같은 현상이 일어났다. 기부 행위, 임대료 인하, 서로 배려하는 모습들이 뒤이었다. 생필품 사재기도 일어나지 않았다. TV는 관련 정보를 마치 중계방송하듯이 시청자에게 제공했다. 상세하고 신속한 정보 공개로 각국으로부터 높이 평가를 받고 있다.

포스트 코로나를 예상하기 어려울 정도로 변화가 예상된다. 외출을 삼가야 하는 분위기에서 재택근무 회사 및 학교가 크게 증가할 것이다. 공부, 운동, 휴식으로 삼등분하여 균형을 찾는다면 이번 기회에 재택근무가 늘어나겠다. 재택근무는 부정적이 아니라 긍정적이다. 지하철에서 보듯이 차내에서 감염됐다는 뉴스를 듣지 못 했다. 승객들이 철저히 행동지침을 준수했기 때문이다. 마스크 사용에서 단적으로 보듯이 우리의 라이프 스타일이 변하고 있다.

나는 행동규칙이 엄격할수록 금요산책에 참가하여야 할지 고민을 하게 된다. 서울대공원을 걷는 것이 과연 바이러스에 노출되는 일인가 의문이 생긴다. 그래서 도시가 봉쇄되지 않는 한 등산 친구들과 대공원 둘레길을 걸으며 면역력을 높이기로 하련다. 텅 빈 공원을 우리만 걷는 것은 무언가 잘못됐다는 느낌을 떨칠 수가 없다.

우리는 "위기는 새로운 기회를 가져온다."고 믿는 친구들이다.

긴 이름을 가진 호텔

부산시의 요지인 서면에 땅을 사다니!

나 같은 소시민은 엄두를 못 낼 일이다. 호텔을 건축하기 위한 부지 확보라는 것이다. 막내아들의 호텔 건립 계획에 의해 2년 반 전에 토지를 구입한 것이다.

그 때 구입자금에 차질이 생겨 자금 확보와 취득세 납부의 어려움은 하나의 큰 고비였다. 마지막 단계에서 자금 차질은 자칫 잘못되면 이 사업을 포기해야 하는 극한 상황으로 몰고 갈 수 있기 때문이다.

운이 좋았는지 지인의 도움으로 300평의 반듯한 대지

를 확보할 수 있었다. 토지를 확보하니까 비교적 일이 순조롭게 풀려나갔다.

이미 완성된 설계, MGL 시공사 선정, 인테리어 업체 선정 그리고 감리 등 기술적인 일거리가 유기적으로 연결되면서 작업이 공기를 3개월이나 단축시키면서 진행되었다.

호텔사업을 처음 해보는 'Urban Lounge'(대표 서영성)는 호텔사업성을 믿는 투자자를 찾아 투자를 하도록 이해, 설득시킬 책무가 있다.

이보다 더 중요한 일이 있는가. 또한 은행을 찾아다니면서 사업성을 설명하고 이해시켜 사업자금을 융자받도록 하는 책임이 있다. 정부의 관광호텔 건립자금 지원계획을 잘 파악하여 지원을 받도록 해야 한다. 이러한 필요한 자금 확보를 대표이사는 책임져야 한다. 이 책임은 이 사업의 사활이 걸린 중차대한, 막중한 것이다.

15층의 건물이 마침내 완공되어 10월 8일 오후 5시 간단한 준공기념식을 가졌다. 내빈들이 방 구경을 위해 오르락내리락하는데 그 시점에 침대를 운반, 방을 꾸미는 광경은 서둘러 개업을 강행한다는 인상을 심어 주었다.

나중에 알게 되었지만 조급하게 서둘렀기에 공사에 하자가 많이 생겨 보수공사에 자금과 시간을 허비하였고, 영업에도 지장을 초래했다. 공개행사를 1월 23일로 잠정 결정하고 연기를 했다. 또다시 Grand Opening Ceremony를 다시 봄철로 연기했다. 아마도 준비가 미흡하고 이왕 늦었으니 완벽을 기하자는 뜻인 것 같았다.

우리 부부는 1월 23일 호텔행사에 참석하기로 마음먹고 있었던 터라 무조건 가기로 했다. 의외로 짜임새가 있고 안정된 모습이었다.

대표이사의 안내에 따라 건물 구석구석을 살피고 구경한 결과 전체적으로 무궁화 5개 호텔로서 손색이 없다는 인상이다.

이 호텔을 구경한 내 친구 문병국, 백맹근은 이구동성으로 "막내가 너를 닮지는 않은 것 같다. 엄마를 닮아 대담하고 정확한 성품이 가져온 결과"라고 서 대표를 격찬했다. 또 "대단한 친구"라고 연발했다. 나는 약간은 섭섭

했지만 옳은 평가라고 인정했다.

나는 서 대표가 '무無에서 유有로 만들어낸 능력과 뚝심'을 높이 사고 싶다. 스비스업인 호텔사업이 100여 개의 일자리를 창출하여 국가와 지역사회에 이바지하고 있다는 자부심을 가져도 좋을 것 같다.

그의 사업 구상과 아이디어는 KTX 안에서 이루어진다고 믿고 싶다. 긴 시간을 기차 안에서 보내는데 헛되게 보내지는 않을 것으로 확신한다.

이병철 삼성 창업자가 입버릇처럼 주장한 '事業報國정신'을 자기도 모르게 전수받아 "무언가 국가에 이바지하는 사업"을 이루어 낸다는 목표를 가진 사나이가 되기를 우리들은 바란다. 이제 베스트 웨스턴 UL부산 호텔 건립을 바탕으로 또다른 호텔 건설을 기장에 있는 동부산 관광단지 내에 추진하고 있다.

나는 변호사 자격의 서 대표가 무슨 엉뚱한 호텔사업이냐고 길을 잘못 들어선 것 아닌가 하고 혼자 중얼거린 적이 있다.

부산을 다녀온 이후 우리 부부는 막내아들의 능력을 무조건 믿기로 했다.

남기고 싶은 이야기

– 실패한 신문 기자

내가 대학을 졸업하고 군대를 제대한 해가 1963년이니 꼭 50년 전이다. 흔히 우리들을 4·19세대라고 부른다. 학생들이 자유당 정권을 무너뜨리고 이승만 대통령을 하야시킨 세력이다. 이어서 내각제의 민주당 정권이 들어서기는 했으나 바로 5·16군사혁명으로 온 세상이 바뀐다.

군사정권은 혁명공약들을 하나씩 실천에 옮겼다. 그중 1962년부터 시작한 경제개발 5개년 계획이 가장 돋보였다. 이 계획이 집행되면서 기업체가 늘어나고 일자리가 생기기 시작했다. 지금 청년실업이 심각하다고 하나 그때는 일거리가 없어 하소연할 곳도 없었다.

내가 서울대학교 사회학과를 졸업하고 군대를 만기제대한 후에도 갈 곳은 대학원과 신문사뿐이었다. 대학원은 박사학위를 따고 교수가 되는 문리과대학의 정규코스이다. 평생 공부를 할 각오가 되어 있어야 한다.

나는 대학생활 4년 동안 옳은 공부를 하지 않아 자신이 없을 뿐만 아니라 당시 집안 형편이 공부를 뒷받침할 수 없었다. 나는 아카데미니즘academism보다는 저널리즘journalism을 택하고 그 방향으로 나아가기로 결심했다.

1961년 5·16군사혁명이 일어난 그 시기에 논산훈련소에서 전반기 훈련을 받고 있었다. 지금 젊은이들도 그러겠지만 당시 젊은이들도 군복무는 시간낭비로 여겼다.

그런데 내 경우는 2년 반 동안의 군 생활이 매우 유익하고 큰 도움이 되었다. 군대생활을 통하여 포기하지 않는 인내심을 기르고, 또한 언론사에 입사하기 위한 시험공부를 할 수 있는 기회가 주어졌다. 나는 나의 인생항로에 좋은 영향을 미친 군대생활에 감사드린다. 나아가 대한민국 정부에도 고마움을 표하고 싶다.

1963년 말, 군복을 입은 채로 중앙고교에서 동아일보 기자시험을 쳤다.

국어는 고문이 출제되었고, 작문은 '전보'에 대해 그야말로 작문을 하라는 문제가 나왔다. 보기 좋게 낙방했다. 그 후 신문 입사시험은 닥치는 대로 다 치르겠다는 각오로 신문 사설의 논지를 통째로 외우기까지 했다.

다음해 1월 동양통신사 기자 모집 광고를 보고 얼마나 반가웠는지 모른다. 영어, 논술, 상식이라 자신이 있었다.

논술은 '미국원조와 자립경제'에 대해서 택해서 썼다. 신문 사설에서 여러 번 다룬 주제여서 정말 잘 썼다고 믿었다. 영어도 한 문제쯤 틀렸고 다 정답을 썼다,

70대 1의 1차 필기시험에 당당히 합격해 군복을 입고 면접시험을 치렀다.

최종합격통지를 받아들고 얼마나 기뻐 날뛰었는지 지금 생각해도 속이 시원한 일생일대의 쾌거였다. 하늘을

찌를 듯한 기백과 자신감으로 통신사 기자생활을 출발할 수 있었던 것은 인내심과 자신감을 키워준 군대생활이 뒷받침됐기 때문이라고 확신한다. 사단사령부의 밀폐된 상황실 근무가 그 터전이었다.

미1군단의 작전지시를 번역하는 일로부터 많은 군사용어를 배우고 익히면서 영어에 자신감을 갖게 됐고, 만년에 제대 고참으로서 취업 참고서를 독파할 수 있는 여유를 갖게 된 것이 결정적이었다.

군대에서 몸으로 배운 인내는 인생의 고비마다 닥칠 위기와 시련을 견디는 내성을 기르는 훈련이다.

젊은이들이여! 군복무는 결코 시간의 낭비가 아니라 시간의 활용임을 명심하라.

신문 기자는 매력 있는 직업이다.

기자는 자유롭게 우리 사회에 나아가 세계 곳곳을 발로 뛰어다니면서 현장을 보고, 쓰며, 지위 고하를 막론하고 만나고 싶은 사람을 만나 기사를 만든다.

게다가 "펜은 칼보다 강하다."는 경구를 굳이 들먹이지 않더라도, 기사 한 줄이 때로는 쓰나미보다 더 큰 위력을 발휘한다. 물론 그에 상응하는 사회적 책임이 뒤따라야겠지만 기자만큼 보람 있는 직업도 드물다. 언론사는 전공 불문의 완전자유경쟁으로 견습 기자를 뽑기 때문에 누구나 도전할 수 있다.

갈 곳 없었던 대졸 젊은이들이 시험장에 몰려 다녔다. 이들 중에는 내가 문리대 캠퍼스에서 보던 낯익은 얼굴들이 꽤 있었다. 그중 갈천문, 최시중, 김용범 등이 동양통신사로 왔다.

학교에서 경쟁 대상이 사회에서도 경쟁자가 된다는 평소 나의 지론을 확인하는 장면이다. 열 명의 합격자 중 갈천문이 단연 돋보였다. 반듯한 태도와 글재주로 타의 추종을 불허한 '갈 공葛公'은 오래전에 불의의 사고로 우리 곁을 떠났다. 천국에서 필요한 인물인지 일찍 스카우트되어 간 것이다.

통신사는 외신부가 주축이 된 언론사다. 그때만 해도

통신사라면 무선통신을 취급하는 텔레콤 회사가 아닌지 묻는 친구도 있었다.

한 달간 외신부 번역 견습을 끝내고 각 부서로 발령이 났다. 나는 희망대로 서울대 상대 출신인 정용진과 함께 경제부에 배속되었다. 그때는 쌍룡그룹 오너인 김성곤 국회의원의 사돈인 이승보 부장이 경제부를 완전히 장악하고 있었다. 나는 전화당번과 부장의 심부름하는 것이 고작이었다. 그 후 부장이 나에게 배정한 출입처는 정부기관이 아닌 업계였다. 부장은 전경련, 대한상의, 무역진흥공사 등 경제 단체와 시장을 돌며 기삿거리를 물고 오라고 명령했다.

나는 출입처에 대해 조금도 불만이 없었다. 경제 단체를 커버하는 기자는 부지런하면 기사를 만들 수 있었다. 나는 남대문에 위치한 코트라 기자실을 거점으로 주위에 있던 경제 단체들을 돌아다녔다. 코트라 해외주재원이 보내온 우리 수출품에 대한 현지 클레임을 정리하여 기사를 쓰면 중앙지에서 2, 3단 크기로 받아쓰기 시작했다. 우리 수출품의 질적 제고를 위해서도 클레임 기사는 언론에서 크게 다루어야 한다고 주장했다. 통신사는 프레스 릴리즈물이나 발표문을 기사화해도 언론에서 쳐다보지 않는다. 그만큼 타사가 다루지 않는 뉴스 거리를 발굴하는 일이 매우 중요하다. 한번은 경제기획원 장기영 부총리가 기자회견을 자청해 생필품 값을 10% 인하하겠다고 발표한 적이 있었다. 쌀, 쇠고기, 고무신 같은 생필품 값을 정부가 내리고 올릴 수 있을까 하는 의문을 갖고 나는 남대문 고무신 도매상을 몇 군데 찾아다녔다. 상인들은 이구동성으로 "그것은 정부의 희망사항일 뿐, 평균 100원씩 하는 흰 고무신값을 90원으로 내릴 수는 없다."는 단호한 의사표시였다.

내가 시장 상인들의 반응을 가사화하자, 부장도 재미있는 기사라고 칭찬했고, 그 기사는 도하 석간 2면에 2, 3단 크기로 게재됐다. 그러나 부장은 이 기사가 사실이 아니라는 기획원의 해명을 내게 전하면서 앞으로 기획원 관련기사는 신중히 다루라는 경고를 했다. 나는 후속보도를 기획했다가 회사 분위기에 눌려 포기했다. 흰 고무신 값은 내려지지 않았다.

어쨌든 경쟁사는 쳐다보지도 않는 업계로 눈을 돌려 새로운 기사 개발을 해낸 이승보 부장의 혜안을 높이 평가하고 싶다. 작은 필화사건에도 불구하고 부지런히 업계를 쏘다녔다. 기사 쓰는 맛을 좀 알 듯하자 외신부로 발령이 났다. 외신부는 밤에 일하고 낮에는 잠자는 부서다. 밤 10시경부터 새벽 3시까지 쏟아져 들어오는 외신을 두세 사람이 나눠 번역한다. 기자라기보다 번역사가 정확한 표현이다. 백악관, 국무성, 국방성 3대 뉴스 삼각지에서 그곳 시간으로 아침 10시에 기사가 폭주해 들어온다. 새벽 5시 전에 각 라디오방송국 외신부에 주요 기사를 불러 준다. 중요한 급전bulletin이 있을 때마다 기사 카피를 들고 조간신문사 편집부로 직접 배달도 한다. 통신사 깃발을 단 지프차를 타고 야간통금시간에 신문사를 돌 때면 마치 대단한 일을 하는 것 같은 착각을 하게 된다. 당시 조선일보 편집부 차장으로 야간편집 데스크인 최병렬은 고교동창 관계여서 그에게 'UPI-동양' 기사를 잘 다루어 달라고 부탁한 적이 한두 번이 아니었다. 어느 통신사 기사가 인쇄 및 방송매체에 크게 그리고 많이 게재되는가는 통신사로서는 사활의 문제이었다.

저녁 출근, 아침 퇴근이란 근무 형태는 외신부의 특징이다. 다람쥐 쳇바퀴 돌듯 외신부 생활을 몇 개월 하니까 건강이 나빠지고 다른 친구들과 멀어지면서 외톨이가 되는 것 같았다. 나는 통신사 기자로서의 매력을 점점 잃어가고 있었다. 이승보 부장은 나를 다시 경제부로 배속시켰다. 그때는 이미 새로 창간되는 중앙일보 외신부로 가기로 결정하고 있을 때였다. 1965년 9월 22일 중앙일보 창간을 앞두고 나는 하루빨리 중앙일보 창간에 참여해야 했다.

부장에게 나의 의사를 밝히자 그는 대노하면서 "희망대로 경제부로 다시 데려왔는데 이렇게 배은망덕할 수 있느냐."며 자리를 박차고 나가 버렸다. 무마 지시를 받은 임철규 차장이, 부장이 자기 출입처인 상공부를 나에게 넘기고 데스크만 보려고 하는데 왜 그 깊은 뜻을 모르냐고 안타까워했다.

임 차장은 "어느 신문사든 외신부는 춥고 배고프게 마련"이라며 "상공부가 어떤 부서인데 굴러온 복을 걷어차느냐."고 설득을 계속했다.

그러나 나는 지면이 있는 신문사에서 일하고 싶다고 최종 통고하고 일어섰다.

중앙 외신부로 옮기고 며칠 지난 후 국장석에서 큰소리가 났다. 작은 키에 체구가 좋은 이 부장이 이원교 편집국장에게 뭔가 따지고 있었다. 나중에 국장에게 불려가 들은 이 부장의 항의 내용은 "서 기자는 본인 희망대로 경제부로 발령이 났는데 중앙일보로 왔으니 이중플레이를 한 자이므로 당장 해직시켜야 한다." 또한 "이런 배은망덕한 자는 한국 언론계에서 매장시켜야 한다."는 것이다. 이 국장은 전 직장을 깨끗하게 정리하지 않아 말썽을 일으킨 자는 채용할 수 없다고 야단을 쳤다. 나를 경제기자로 키우겠다는 부장의 뜻을 저버리고 첫 직장을 떠나온 나는 지금도 깊이 뉘우치고 있다. 만일 이 부장 밑에서 경제전문기자로 컸다면 내 인생은 지금과는 다른 길을 걸었을 것이다.

창간 당시 중앙일보 외신부는 서울신문에서 박경목 부장을 필두로 조선일보에서 이광표 차장 그리고 이현석, 임상재, 신상갑 3명의 고참 기자와 김영희, 장두성 그리고 내가 주니어로 스카우트되어 진용을 갖췄다. 부장이 해설기사와 읽을거리 기사 제목을 정하면 그 기사를 소화하고 쓸 수 있는 기자에게 배정한다. 나, 장두성 그리고 견습으로 들어온 정규웅은 기사 배정을 받지 못 했다. 나는 읽는 속도가 느려 뒤처지는 축이었으나 한번 읽은 내용을 소상하게 파악하는 능력이 있었다. 미국유학 후 귀국해 중앙일보 이사로 근무하던 이건희 씨가 편집국 각 부를 견습하면서 외신부에도 약 1개월 정도 같이 있었으나 거의 말이 없었다.

부장의 아이디어로 세계 주요국의 정보기관에 관한 시리즈물을 다루기로 했다. 자료를 구하기 쉽지 않고 해당

국의 대사관에서 협조를 해주겠는가고 취재의 어려움을 호소했으나 부장은 "넌 할 수 있다."며 나를 몰아붙였다.

1965년 10월 19일자 중앙일보 4면에 〈정보전선〉이란 제목으로 첫 회분 '소련의 KGB'가 게재되었다. KGB가 활용하는 미인계 첩보활동은 나름대로 흥미를 끄는 기삿거리였다. 이어서 영국의 MI6, 미국의 CIA, 프랑스의 SDECE, 서독의 FIS, 그리고 이스라엘의 모사드 등 6개국을 며칠 간격을 두고 연재되었다.

수박 겉 핥기 식이기는 하지만, 외부에는 비밀에 붙여져 있던 주요국 정보기관의 활동상이 연재되자 언론사뿐 아니라 독자들의 반응도 적잖았다. 올챙이 기자가 6회에 걸친 연재물을 쓴다는 것은 흔한 일이 아니었다. 통신사에서는 도저히 느껴 보지 못한 희열을 맛보았다. 이 연재물로 매달 편집국에서 주는 노력상을 받았고 부상으로 받은 상금을 털어 동료 기자들과 회식하는 기쁨도 누렸다. 퇴근 후 출출할 때는 기자들이 모이는 내수동 명월관이나 대한일보 뒷골목 주점을 찾아 회포를 푸는 것이 일과처럼 됐다. 이 대목에서 외신부 주당들의 무용담을 빼놓을 수 없다.

김영희, 임상재, 장두성 그리고 내가 명동의 한 맥주홀에서 실컷 마신 후 술값이 모자라 내 시계를 풀었으나 시계 하나로는 턱없이 부족하다 해서 김영희 시계도 내놓았으나 받아주지 않았다. 술값 때문에 시비가 붙고 종업원들과 난투극이 벌어지자 명동파출소 경찰관과 중부서의 백차가 와 우리를 중부서로 연행해 갔다. 현금이 없어도 시계를 잡히고 술을 마시던 시절인데 너무 억울하다는 느낌이었다. 경찰이 관할 지구 업소를 과잉보호한다고 우리는 주장했다. 경찰도 우리가 기자라는 사실을 알고 어느 선에 무마하려 했으나 내가 격분해서 한 경찰관을 주먹으로 쳐 앞니가 나갔다는 것이다. 내가 그렇게 주먹 힘이 센 줄은 처음 알게 됐다. 하룻밤을 경찰서 구치소에서 보내고 벌금 5천 원, 이빨 치료비와 위로금 합해서 2만 원을 주고 합의를 볼 수 있었다. 전과 기록인 이 벌금형은 배고픈 외신부 기자들에게서 나오는 일종의 자학적

만용이 아니었나 싶다. 박 부장이 정규웅 기자 상가에서 나에게 월남특파원 티켓이 사회부에서 외신부로 넘어왔는데 갈 생각이 없느냐고 의사를 타진해 왔다. 며칠을 고민하다가 가지 않는 것으로 결론을 내고 부장에게 통고했다. 이때 결혼을 앞두고 있는데 양가 가족들이 모두 전쟁터에 특파되는 종군기자는 안 된다고 반대를 했고, 나 역시 전쟁이 확산되는 마당에 굳이 갈 필요가 있겠는가라는 회의가 생겼다. 나 대신 장두성 기자가 특파되었다.

기자로서 좋은 기회를 놓친 셈이다. 기자로 가는 길에서 스스로 도전을 포기하고 이탈했다는 표현이 정확할 것이다. 동양통신에서 경제부기자로 성장할 수 있는 기회와 중앙일보 월남특파원 기회를 다 버리고 스스로 실패한 기자의 길을 택한 셈이다.

이 무렵, 한 비밀수사 건으로 이병철 회장이 일선에서 물러서고 두 아들들이 경영 일선으로 나섰다. 이들은 삼성에 새로운 수혈이 필요하다고 판단하고 중앙일보의 주니어 기자와 견습 출신 기자 중에서 희망자와 기업체에 적성이 맞는 자를 골라냈다. 우선 급료 수준이 높다는 데 귀가 솔깃했다. 기자들이 촌지에 의존하여 살아갈 수 없다는 기본 생각이 깔려 있었다. 외신부에서 해외 소식만 전하면서 그 긴 세월을 보낸다니 억울한 생각이 들기도 했다.

별 반대 없이, 별 붙드는 사람 없이 중앙개발회사로 전직했다. 그토록 갈망하면서 천직으로 여기던 기자직을 버리고 기업체 사원으로 변신한 것이다.

돌이켜보면 나는 단견에 사로잡혀 긴 마라톤경주를 준비하지 못했다. 앞날을 속단하여 채 피기도 전에 꽃봉오리로 저버린 모습이었다. 그러나 기자로서 입신하는 데 실패했으나 기자생활은 지금껏 내게 자랑스러운 기억으로 남아 있다.

〈뉴욕 타임스〉의 칼럼니스트 제임스 레스턴은 자신의 삶을 관통했던 말로 이 두 가지를 꼽았다. 즉 진실과 마감시간. 나 역시 진실을 좇아 동분서주하며 사람들을 만나고 데드라인을 사수하기 위해 긴박하게 하루하루를 보내던 시절이 있었다. 지금은 아득히 먼 옛일이지만, 그 시절의 열정과 에너지는 그 후 내 삶을 엮어 나가는 데 기름진 자양분이 됐다고 자부한다.

남의 아재

"아재, 밥 잘 먹었는교?"

"야, 배 터지도록 먹었소."

"아재, 내 더위 사소."

정월 대보름날 아침 담 너머로 흔히 나누는 인사다. 다가오는 여름 더위를 먼저 불러 파는 우스개 놀이다.

'아재'는, '아저씨'의 사투리라고 쉽게 규정할 수 있으나 훨씬 정감스러운 호칭이다. 삼촌, 오촌은 아니지만 먼 친척이거나 가까운 이웃에게 서로 부르는, 서부 경남에서 널리 사용되는 호칭이다. 어쩐지 살가운 맛이 나는 부름이다.

금요산책팀은 열 명으로 시작했다. 두 명이 병고로 참석하지 못하고 있다. 팔순이 넘은 나이이기에 건강상 불참하게 되는 사유가 자꾸 생긴다. 다 늙어가는 나이에 이름을 그대로 부르는 것은 듣기 거북하다. 호나 별명으로 부르기로 했다. 두꺼비, 대장 등의 별칭으로 서로 부르고 있다.

S 회장에게는 '두꺼비'라는 호칭이 딱 어울린다. '두꺼비' 별명으로 통하는 모교의 유명했던 김하득 교장 선생님과 생긴 모습이 닮았다. 두 사람 사이에는 모습이나 말씨에 연상효과가 많다. 선생님의 아침조회 연설은 오 분 스피치였지만 학생들에게 많은 감동을 주었다. 두꺼비 별명을 받은 S는 말을 잘하기로 소문난 친구이다.

새 친구가 오늘 초대되었다. 같은 백 씨인 B가 "내 부친 항렬이 基자 돌림이니까 앞으로 아재로 부르겠다."고 제의했다. 그는 든든한 조카님을 두게 됐다고 좋아했다.

이렇게 맺어진 사연이 등산 모임인 육봉회로 넘어와 '어이, 남의 아재'로 고착됐다. 우리 모두 그를 '남의 아재'로 부른다. 너무 잘 어울린다는 평이다. 이름을 지어준 그는 명작명가 자격이 충분하다. '대장'은 L 회장에게 붙은 별명이다. L 회장은 독일 군인처럼 빈틈없어 얻은 별명이다. 군인 중에 제일 높은 분이 대장이니까 흔한 회장보다 대장이 영광스럽다.

작명에서 문 간사를 빼놓을 수 없다. 나의 호인 '허정虛鼎' '빈솥'도 간사의 작품이다. 이만하면 작명 간판을 내걸 만하다.

자, 그러면 이제 '남의 아재' 백 동문을 소개하겠다.

그는 동국무역 대표이사 사임을 계기로 악운이 계속됐다. 세월이 약이라고 마음먹고 의연하게 대처해 나가고 있다. "이 또한 지나가리라."라는 성경 구절이 떠오른다. 김포로 이사 간 지 팔 년 동안 한문, 논어, 일본어 공부에 마음을 붙이고 있다. 학구열이 강한 그는 신문 잡지 등을 닥치는 대로 클리핑하여 쌓아두고 있다. 기록의 보고를 만들어 남기고 싶은 충동이 일어서이다. 생의 마지막

까지 중단 없이 계속할 것이란다. 나는 바로 '남의 아재'인 그의 이러한 자세에 존경심이 간다.

자신만만한 분야가 술이다. 남에게 지지 않을 자신이 있단다. 본인이 스스로 주량을 평가한다면 '즐기는 편'에 속한단다. 젊은 날부터 지금까지 안 마신 날은 몇 날일까 손가락으로 세어 볼 정도란다. 그러나 마음이 상할 때나 기분이 언짢을 때는 술을 입에도 대지 않는다. 술이 나쁜 상황을 더 나쁘게 하는 상승작용을 한다고 믿기 때문이다.

'남의 아재', 그는 참 부지런한 사람이다. 언제부터 시작한지 모르지만 펜 드로잉을 해 왔다. 주위에서 작품전시회를 열어도 손색이 없다고 평한다. 무얼 하나 진득하게 깊이 파고들지 못 하는 나는 부러울 따름이다.

김포시 호숫가에서 매일 집사람을 만나 안부를 주고받는다.

"오늘도 집사람 만났제." "그래."

"김포에 망부望夫 한 사람 났네."

"봉안당을 돌아 나오는 길 오늘도 눈앞이 흐려진다."고 말했다. 라스베이거스에 사는 딸네에게 갔다. 하늘나라로 가버린 아내를 만나러 그는 내일도 호수로 갈 것이다.

형제도 잘 못 보고 사는 요즈음 세상에 이웃 어른이나 동네 분들께 '아재'라고 부르며 정답게 살던 그 때가 그립다.

내가 본 진풍경

지난달 엘리자베스 2세 영국 여왕이 95세의 나이로 타계하였다. 장례식이 있는 며칠 동안 방송국마다 그 뉴스로 온 세계가 떠들썩하였다. 그간의 영국 역사며 여왕의 일생 스토리와 업적에 대해 소개하였다. 스코틀랜드를 떠나 버킹엄 궁전으로 오는 행렬에 애도와 경의를 표하는 곳곳의 시민들을 보면서 삼십여 년 전 영국에 살았던 기억이 살아났다. 칠월에 도착하여 추운 겨울을 지나고 꽃이 활짝 피는 봄이 지날 무렵이었다. 거리의 사람들이나 지하철에서 본 여러 사람들이 아주 성장을 한 모습이었다. 여자들은 화려한 원피스에 멋진 챙이 넓은 모자까지 썼다. 영문을 알아보니 여왕의 생일을 축하하는 퍼레이드 구경을 가는 사람들이었다.

이듬해 봄, 아내와 딸과 함께 우리도 그 행렬에 끼여 보았다. 진풍경이었다. 높은 빌딩의 창가나 나무에 올라간 사람도 보였다. 예수님을 보기 위해 나무에 올라간 '삭게오' 생각이 났다. 사람들 사이로 마차를 타고 손을 흔들며 지나가는 여왕과 그 가족 행렬을 보며 이방인인 나도 약간의 흥분을 느꼈다. 참 따뜻한 풍경이었다. 이 민주주의 시대에 이 광경은 무엇인가 생각하였다. 이 상징성은 무언가 골똘히 생각하였고 영국 사람들을 이해해 보려 했다. 차림새부터 예를 갖추어 이 대열에 참여하여 같이 즐기는 이 자부심은 무언가 의문나게 하는 풍경이었다.

사실 여왕의 생일은 4월 21이다. 이 행사는 매년 6월 둘째 주 토요일에 공식적인 생일 행사를 한다는 것이다. 날씨 때문이란다. 영국의 사월은 정말 스산하고 춥다. 시민도, 행사에 참여하는 군인도, 여왕도 두루두루 좋은 때를 택한 합리적인 생각임에 틀림없다. 과거에도 선대 군주의 생일을 기념하는 공식 행사를 실제 생일이 아닌 날, 초여름이나 늦은 봄에 열렸다고 한다.

영국 군주가 실제 생일과 다른 공식 생일을 기념한 건 1748년 조지 2세가 처음이었다. 보통 유월 둘째 주 토요일에 열리는 여왕의 공식 생일을 기념하기 위해 1400명이 넘는 퍼레이드 군인들, 사백 명의 음악가들이 전통퍼레이드에 모인단다.

국가적으로 성대하게 연다. 대표행사는 세인트 제임스 파크 인근에서 열리는 군기분열식이다. 왕실 근위대와 기마부대가 대거 참여하는 군기분열식은 전투 준비에서 유래했으며 18세기부터 영국 왕의 생일을 축하하기 위해 개최됐다고 한다. 런던탑에서 여왕의 인사를 신호로 발포행사 진행, 영국 공군의 편대 비행을 지켜보기 위해 모인 다른 로열 패밀리들과 여왕과 가족이 버킹엄 궁전의 발코니로 나와 군중들에게 인사를 하고 편대 비행을 관람한다고 한다.

사실 그곳에 있는 동안 본 영국 국민들은 매우 근검, 절약하는 사람들이었다. 별반 버리는 물건들이 없었다. 마르고 닳도록 사용하였다. 쓰던 물건들은 옥스팜 상자에 기부하였다. 엔틱 가게가 성행하고 옛것을 소중히 여겼다. 초대되어 가보면 어지간한 중산층은 본차이나 그릇이 아닌 스톤웨어를 사용하였다. 옷도 명품이 아닌, 중저가품이 보통사람들의 차림이었다. 난방도 얼마나 절약하는지 모른다. 집안에서는 대부분 따뜻한 옷을 입고, 소파에선 워머를 입고 담요를 덮고 TV를 본다. 지금은 모르겠지만 우리가 있을 땐 겨울에 추워 침대에 전기담요를 켜고 잤다. 마음대로 난방을 올리는 시설이 안 되어 있었다.

이런 국민들이 여왕의 생일행사에 이토록 많은 경비를 쓰고도 크게 비판하지 않고 함께 즐기는지 이해가 안 되었다. 우리나라 같으면 난리가 났을 것 같다. 이런 불평이 지금은 새록새록 나오는 것 같다. 아무튼 그들은 여왕에 대한 애정이 깊고 자부심을 가지고 있었다. 여왕은 그 나라의 상징인 것 같다. 영국 여왕은 군림하지만 통치하지 않는다. 여왕은 정치에 관여하지 않으며 의회가 결정하면 형식상 추인할 뿐이다. 타계한 엘리자베스 2세 여왕은 특유의 온화함과 세련된 풍모를 통해 국민들에게 봉사하는 군주로서의 위상을 정립하고 왕실의 전통을 지키며 헌신했다고 본다. 입헌군주에 대한 찬반이 있지만 유권자의 70%는 대체로 찬성하는 것으로 나타나고 있지만 앞으로는 유추할 만하다. 연방 국가이기에 'Great Britan' 이미지로는 군주제도가 바뀌기 어려울 것이라 본다. 보수적이고 전통을 중시하는 집권당이 장기집권도 가능한 사례는 깊이 생각할 점이다.

스칸디나비아 나라들

– 노르웨이 편

중학교 지리책에서 배운 스웨덴, 노르웨이, 핀란드, 덴마크가 우리가 흔히 부르는 북구 4개국이다. 63년 전, 한국전쟁 시에 흰색깔의 거대한 스웨덴 병원선이 부산항에 떠 있었던 것으로 기억된, 스웨덴이란 나라는 부상 군인뿐 아니라 다친 민간인들을 치료해 주는 좋은 나라라는 인식이 나를 포함한 어린 학생들에게 심겨졌다.

서울 을지로 6가에 자리잡고 있던 메디컬센터가 스칸디나비아 3국이 설립한 종합병원이라는 사실도, 이 나라들이 후진국의 의료봉사에 관심이 있었음을 입증하고 있다.

한국에 좋은 이미지를 심어준 이들 나라들이 우리에게는 왜 그렇게 먼 나라로 인식되고 있는가?

서울에서 북구까지 소요된 시간을 계산하고 우리가 가까이 느끼는 나라들과 비교해 보았다. 비행기편으로 서울-모스크바 9시간 30분, 모스크바-상트페테르부르크 1시간 20분, 국제열차편으로 상트페테르부르크-핀란드 수도 헬싱키까지 3시간 40분으로 서울에서 핀란드까지 총 14시간 30분이 소요된다.

금년 6월 하순에 미국케이블협회(NCTA)쇼에 참석하기 위해 보스턴을 방문한 적이 있다.

보스턴을 서울 기점으로 비교해 보면 서울에서 보스턴까지 직항이 없어 뉴욕까지 13시간 반, 그곳에서 버스로 보스턴까지 3시간 반으로 모두 17시간이 소요되었다. 서울에서 시간상으로 보면 보스턴보다 핀란드가 훨씬 가깝다는 얘기이다. 그런데 보스턴이 우리에게는 훨씬 가깝게 느껴진다. 하버드, MIT 등 유명 대학교와 보스턴마라톤으로 보스턴은 우리에게 친숙한 도시로 다가온다.

그런데 인구 52만 명의 헬싱키는 우리에게 이렇다 할 것을 주지 못한다. 스칸디나비아반도 내에서 주요 도시와 관광지를 합해 보면 헬싱키에서 스웨덴의 스톡홀름까지 두 나라를 연결하는 대표적인 유람선 실자라인(SILJA-LINE)으로는 탑승 대기 시간까지 합해서 약 12시간 정도 걸리는 것으로 계산된다. 그리고 스톡홀름에서 노르웨이 수도 오슬로까지는 비행기로 1시간 5분 소요된다. 그나마 한국관광객이 한국과 북구와의 거리를 좁히는 데 일조를 하고 있다는 느낌이 들었다.

노르웨이는 유럽에서 가장 긴 나라로서 땅덩어리의 약 80%가 숲, 산, 강 등 자연으로 뒤덮여 있다.

숲속에 자리한 노르웨이 수도 오슬로에서 카페에 들르거나 쇼핑을 해도 산림욕을 하면서 피톤치드를 호흡하는 것과 같다고 노르웨이 관광청 홍보물이 관광객을 유혹한다.

"피요르드 호수의 향기와 산림의 향기가 어우러진 공기는 정말 맛있어요.", "오슬로의 자연은 일류 향수의 조합사 같아요."라고 오슬로 사람들은 말한다.

오슬로 중앙역에서 왕궁까지 이어지는 오슬로의 명동은 사람을 볼 수 없어 마치 유령 도시 같다는 인상을 주었다. 그래서 가이드는 아예 버스에서 내려 사진을 찍으라는 말도 안했나 보다. 시청사는 오슬로의 상징으로 이 건물의 내외벽은 노르웨이의 대표적인 예술가들이 그린 그림과 조각으로 장식되어 있다. 그중에서 독일군 점령하의 고뇌를 표현한 것이 많아 국민 감정을 표출하고 있다.

2층에는 뭉크의 〈인생〉이라는 그림이 걸려 있다. 오슬로가 낳은 예술가 중 《인형의 집》으로 유명한 극작가 입센Henrik Ibsen과 우리가 미술책에서 볼수 있는 〈절규〉의 에드워드 뭉크Edvard Munch를 세계적인 작가로 뽑을 수 있다.

저녁놀이 지는 피요르드에 걸쳐진 다리, 그곳에서 귀를 막고 절규하는 그림이다. 〈절규〉는 그림 속의 인물이 고함지르는 것이 아니라 "세상의 끝없는 절규"에 공포에 질려 귀를 막고 있는 장면이다. 그림 속에는 다리가 있지만 실제로는 다리가 아닌 도로라는 것이다.

단체로 행동해야 해서 오슬로의 뭉크미술관에 소장되어 있는 〈절규〉를 보지 못했다.

비겔란 조각공원과 바이킹 배 박물관도 구경거리였다. 구스타브 비겔란의 작품 193점이 100만 평 이상 되어 보이는 공원에 펼쳐져 있다. 대부분 탄생과 죽음에 관련된 작품으로 윤회에 대한 동양적인 사상까지도 엿볼 수 있다.

오슬로의 피요르드에서 발견된 3척의 바이킹 선은 9세기 초에 건조된 것으로 복원해 전시하고 있다.

노벨상은 1901년 12월 10일 알프레드 노벨의 유언에 따라 물리학, 화학, 생리학, 의학, 문학, 평화, 경제학 부문에 “지난해 인류에 가장 큰 공헌을 한 사람들”에게 해마다 상을 주도록 했다. 그런데 평화상은 스웨덴이 아닌 노르웨이 국회가 선임하는 노르웨이 노벨위원회를 노벨상 수여기관으로 지정하고 있다.

오슬로 시청 근처에 있는 오래된 기차역을 개조한 노벨평화센터가 2005년에 개관되었다.

매년 12월 10일이면 이곳에서 노벨평화상 수상식이 거행된다. 몇 년 전 김대중 대통령이 이곳에서 평화상을 수상했다.

오슬로에서 시작하는 피요르드Fjord를 버스, 유람선, 전동차 그리고 폭포를 가까이에서 구경하는 고산열차, 케이블카 등등의 교통수단으로 3일 반나절 구경했다. 노르웨이의 대자연을 돌아보았다. 걷는 시간이 많아 아내가 무릎관절이 아프다고 하면 어쩌나 하고 걱정했는데, 대중교통을 이용하는 시간이 더 많아 다행이었다.

서울에서 출발할 때 접는 지팡이, 파스, 소염진통제 등

만반의 준비를 해왔으나 못 걷겠다고 하면 여행을 망칠 수도 있다고 생각되어 내내 걱정이었다. 저녁에 호텔에 돌아와 상태를 체크하고 때로는 다리 마사지도 해주었다. 아마도 노르웨이의 피요르드를 비롯한 시골도시의 아름다운 경치와 목가적인 풍경 그리고 산장 같은 호텔 등 다른 서구에서도 맛볼수 없는 대자연에 빠져 무릎의 통증을 잊고 있었지 않나 느껴진다.

오슬로에서 동계올림픽 개최지였던 릴레함메르를 경유, 돔보스에서 여장을 풀었다, 주변 경관이 아름다운 국립공원 지대에 위치한 호텔에서 묵었다.

다음 목적지를 가려면 이곳에서 웅장한 산맥을 넘어 가야 한다. 1936년 8년간 공사 끝에 완공되었다고 한다. 산 밑에서 바라보기만 해도 우리가 탄 버스가 무사히 넘어 갈수 있을까 현기증이 날 정도였다. 이 산맥 길은 '요정의 길'이라 불리며 이 길을 따라 게이랑에르로 갈 수가 있다.

노르웨이 서해안은 복잡한 해안선으로 둘러싸인 피요

르드 지대라고 한다. 피요르드는 노르웨이어로 “내륙으로 깊이 들어간 만”이라는 뜻이다. 연안으로부터 협소하고 긴 바다가 내륙 쪽으로 뻗쳐 있는 상태로 빙하에 인해 침식되어 주변에 절벽으로 되어 있는 U자, V자 형태의 계곡에 바닷물이 유입되어 형성된 하구를 말한다.

게이랑에르 피요르드Geiranger Fjord는 유람선과 트롤카로 돌아보았다. 빙하의 녹은 물줄기가 7줄기로 신부의 면사포와 같다고 하는 7자매 폭포와 푸른 빙하를 보았다.

중세의 도시 베르겐

세계에서 가장 긴 터널(24.5km)을 비롯하여 셀 수 없을 정도로 수많은 터널을 지나 장난감 같은 아름다운 항구도시 베르겐Bergen에 도착했다.

지금까지 해외여행에서 본 도시 중에 베르겐은 가장 아름다운 도시였다.

노르웨이 서해안에 자리한 이 나라의 제2의 도시(인구

25만 명) 베르겐은 노르웨이 피요르드의 관문이다. 구시가지인 보겐만을 향해 늘어서 있는 목조건물들, 베르겐 지역에는 중세 한자동맹시대에 건축된 각가지 색깔의 삼각지붕의 목조창고 건물들이 즐비하다

이 창고들은 생선이나 곡물의 저장고이다. 이곳은 어업과 해외무역으로 부를 축적하고 14세기에 하자동맹에 가입했다. 이곳에 1702년에 건립된 한자박물관이 있다.

이 목조 건물들은 몇 번의 화재가 있었으나 그 때마다 전통기술로 복원, 재건되어 유네스코가 지정한 세계문화유산에 등록되어 있다. 삼각지붕 건물들 뒤편으로 들어가면 또 다른 목조 건물들이 즐비한데, 예술가들의 스튜디오나 사무실로 이용하고 있다.

베르겐은 12-13세기에 노르웨이의 수도였다. 시내 한 복판에 위치해 있는 표고 320m의 플뢰엔Floyen산 정상까지 케이블카가 운행된다.

케이블카는 여행객뿐만 아니라 산골짜기 주거지역에 살

고 있는 사람들의 교통수단이기도 하다.

정상에는 이끼 낀 나무들이 울창하게 하늘을 덮고 있다. 전망대에서 항구와 협만 그리고 각가지 색채의 장난감 같은 삼각형 지붕들이 한눈에 들어왔다.

베르겐 시내를 내다보면서 “아, 정말 멋지다. 이런 곳에서 살아보았으면.” 하는 탄성이 저절로 나왔다.

어시장을 한바퀴 돌면서 북구를 여행하는 관광객 대부분이 베르겐을 찾았겠다는 생각을 했다.

베르겐은 “하나의 커뮤니티이다.” 거리를 걷고 있으면 수많은 관광객들이 나를 알고, 나도 그 사람을 알고 있는 그러한 시골 동네에 온 기분이다.

순박하게 생긴 선물가게 주인이 물건값을 불러도 비싸다는 느낌이 들지 않았다.

베르겐 시민들은 스스로를 노르웨이인이 아닌 베르겐인이라고 부르며 방언도 비르겐어라고 한다. 분명히 다른 유럽도시와는 다른, 마치 작은 독립국 같은 느낌을 준다.

노르웨이인들도 이 고풍스러운 도시를 동경한다고 한다.

겨울의 노르웨이는 상상해 보면 과연 어떤 모습이 전개될까 상상해 본다.

2부

대구탕

일찍 잠이 깨었다. 창문 밖을 내다보니 눈이 소복이 와 있었다. 날씨도 찬데 눈까지 많이 내려 지방 여행은 틀렸다는 생각이 들었다. 눈길에 버스를 타고 다닌다는 것은 맞지 않다고 판단되어 즉흥적으로 콘도 예약을 취소했다.

이번 여행은 가도 그만, 안 가도 그만이란 생각이 들면서 하필 눈이 예보되어 있는 시기에 가 여행을 망치면 어쩌나 하는 걱정이 생겼다. 이사하느라 지친 아내의 심신을 위로해 주고 싶어 짧은 여행을 마음먹었다. 몇 년 전에 가 본 통영, 거제를 다시 찾아보자는 것이었다. 주목적은

'먹거리를 찾아서'였다. 음력설 전후가 제철인 대구탕(지리)을 맛보는 일이다. 서울에서도 흔한 대구탕을 남쪽 멀리 거제군 외포항까지 찾아가 맛을 본다는 것은 대구 맛이 다르기 때문이다. 아내의 눈치를 보아가며 전국에 며칠 동안 눈 소식이 있다는 눈 예보를 강조했다.

아내의 안색이 변하면서 얼굴이 굳어지는 듯했다. "여행은 무슨 여행, 없던 일로 하세요. 앞으로는 당신하고 같이 나들이는 안 갈 테니까."라고 쏘아붙였다. 내 기억으로 이처럼 화내는 것은 49년 동안 함께 살면서 처음 있는 일이었다. 나는 너무 당황하여 할말을 잊었다. 방 예약이 문제가 아니라 여행을 가기 싫다는 나의 자세에 문제가 있다는 것이다. 사정을 해보아야 풀리지 않을 것 같아 화가 가라앉을 때까지 기다렸다. 여행을 가고 안 가고의 문제가 아니라, 왜 방 예약을 상의 없이 취소했는가에 초점을 둔 공세였다. 입이 열 개라도 할말이 없었다. 아내는 과거 본인의 의사가 무시되었던 사례를 언급하면서 억지소리를 했다. 예약이 쉽게 될 수 있으니 하나의 해프닝으로 치자고 애걸했으나 막무가내였다. 우여곡절 끝에 출발했다.

도시에서는 눈은 사고를 내는 무서운 존재이나 시골에서는 아름다운 눈경치를 만들어 낸다. 눈은 하룻밤 사이에 천하를 희게, 맑게, 깨끗하게 만든다. 그러나 길바닥이 빙판으로 변한다. 할아버지, 할머니들이 눈길에 넘어지면 그길로 드러눕는다. 고속도로 양옆으로 전개되는 백설로 덮인 산천을 두어 시간 눈이 시리도록 구경하는 것은 행운 중의 행운이었다.

차가 금산 인삼휴게소에 들러 다시 출발했을 때 주위 야산에서는 눈 구경을 할 수 없었다. 아내는 한마디했다. 충청도부터 눈이 내리지 않았는데 무슨 걱정이며, 전국에 폭설이 왔다면 이 또한 눈 구경을 하는 절호의 기회가 아닌가. 버스가 남쪽으로 달릴수록 날씨는 맑아지며 전형적인 상쾌한 겨울날씨로 변하고 있었다. 내가 고집을 부려 여행을 포기했다면 어떻게 됐을까? 아내의 실망은 고사하고 나는 두고두고 원성을 들을 뻔했다.

여행에는 묘미가 있다. 첫째, 준비하는 동안의 설렘이

다. 두 번째는 여행 동안의 느낌이다. 또 다른 하나는 돌아와서의 여운이다. 그런데 아내는 첫 번째부터 망쳤다는 것이었다. 먼 길도 아니고 국내에서 눈이 오면 어떻고 비가 오면 어떻냐는 항변이었다. 산행도 아니고 힘들면 돌아오면 된다는 것이다. 지당한 말씀이다.

여행은 즐거운 것이다. 미지의 나라를 찾는 것부터 대구탕 집을 찾는 것까지 다양하다. 해외에서 살 때 영어로도 집을 찾아 갔는데 우리나라 말로 집 찾는 일은 쉬운 일이라고 아내가 나를 비꼬았다. 그러나 낯선 곳에서 버스가 어느 역에서 어느 버스와 연결되는지는 물어볼 승객이 없으면 난감했다. 거제도 외포에서 장승포까지 해변과 절벽을 휘어 돌면서 달리는 대중 버스에서 느끼는 시골 분위기는 사뭇 달랐다. 설을 앞둔 시골 버스 안이 한산하게 보이는 것은 기울어져 가는 조선 산업의 탓인가.

하루키가 쓴 《하루키의 여행법》에서 그는 "여행 중에는 메모가 필수다. 귀중한 글쓰기 수업이 되어 준다. 그저 그때그때 눈앞의 모든 풍경에 나 자신을 완전히 몰입시켜야 한다. 내 온몸으로 받아 온 것이라야 나중에 글 쓸 때도 살아 있는 글이 나온다".라고 경험담을 이야기하고 있다.

대구탕을 먹어본다. 눈으로 보고 귀로 듣고 피부에 스며들며 맛을 본다. 과연 맛이 다르다. 그 흔한 무, 콩나물, 쑥갓, 미나리 등 야채를 넣지 않고 대구 대가리와 살, 거기에 이리만 넣어 끓인 국이다. 입이 데이도록 뜨겁게 해 달라고 주문을 했다. 비린내가 가시고 국물이 하얗게 진했다. 나도 모르게 무릎을 탁 칠 만큼 시원한 그 맛은 또 다시 나를 이곳으로 유혹할 것이다.

살아 있는 글은 살아 싱싱한 대구탕을 먹기 위해 멀리서 찾아온 손님이 쓰는 것이다. 아직 살아 있는 글을 쓰지 못하는 것은 현장을 가지 않고 책상 앞에 앉아 있기 때문인가? 하루키도 우동기행을 함으로써 이러한 맛을 보고 살아있는 글을 쓰지 않았는가 싶다.

내 글에 생명력을 불어 넣으려면 발로 뛰는 것처럼 더 많은 사색이 필요하지 않을까.

대모산

매주 금요일이면 오전 9시 반에 과천 전철역 부근 조그마한 카페에서 모인다. 도착 순서대로 커피를 마시면서 마지막 8번째 등산객이 올 때까지 기다린다. 이름하여 대모산 등산팀이다. 이 팀이 10년 이상 대모산(265m)을 올랐기에 붙은 이름이다. 영어로는 BMC(Big Mother Club)다. 몇 년 전에 내가 하산하다 등산화가 나무 그루터기에 걸려 두 손을 삔고 넘어진 사고가 있었다. 회원들은 자기가 당한 사고로 느끼고 보다 안전한 산행을 바랐다. 그리고 창설 회원인 M 씨가 건강상 이유로 산을 오르지 못하게 되어 M 씨 집 부근인 과천 대공원으로 옮겼다. 공원 내를 걷는 것은 과거 베테랑 등산인으로 부끄러운 일이라 공원 둘레길 일부를 걷는다.

내가 30년 전, 미국 근무를 마치고 귀국하던 그 해 여름, 조그마한 포니 차를 몰고 동해로 해서 경주에서 해인사를 거쳐 상경한 적이 있다. 두 자녀에게 조국의 산하와 문화재를 보여 주고 싶어서였다. 해인사 골짜기를 둘러싸고 있는 가야산은 그리 험준한 산이 아니었다. 우리는 가야산 계곡을 올라 팔만대장경을 보아야 한다.

네 명 중 유일하게 나만 못 오르고 중간에서 헐떡거리며 주저앉아 버렸다. 더위 탓도 있었지만 하늘이 노랗게 보이면서 다리가 후들거렸다. 아내는 애들 보기 창피하다고 부축하여 일으켰으나 실패였다. 평소에 집과 직장만 왔다갔다했으니 몸이 단련될 수 없었다. 그 후 가야산 창피를 계기로 등산에 눈뜨기 시작했다.

신년 휴가 때 눈 덮인 한라산 백록담을 아내와 함께 정복하는가 하면, 추석 연휴 때는 고교 동창들과 같이 해

발 835m 백운대 정상을 공략했다. 등산이 취미가 될 때까지는 등산을 좋아하는 아내의 내조가 결정적임을 밝혀두고 싶다. 아내가 무릎이 좋지 않아 등산을 못하자 자연히 나도 열정이 사라진다고 할 수 있다.

나는 등산 예찬론자는 아니다. 그리고 등산 마니아도 아니다. 멀리 가거나 며칠씩 가는 등산을 해본 적이 없다. 그러나 등산을 좋아한다. 나의 건강에 맞는 걷기 겸 등산을 즐긴다고나 할까

이제 이 등산 팀이 변질하기 시작한 듯하다. 오르락내리락하는 둘레길보다 평지를 걷는 시간이 많다. 과천 정부청사 부근 생선구이 식당에 12시 반 도착을 예상하고 쉬는 시간을 조절한다. 부족한 운동량으로 끝을 낸다. 대모산 등산 팀은 육체적 운동에서 정신적 운동으로 서서히 이동하는 중인 것 같다.

뉴욕 메트로폴리탄 오페라 2015 시즌 공연을 HD 스크린을 통해 라이브로 극장에서 보고 들을 수가 있다. M 회원이 값비싼 오페라를 저렴하게 관람할 수 있는 길을

찾아냈다. 우리는 〈피가로의 결혼〉, 〈카르멘〉, 〈세비야의 이발사〉 등 3편을 관람했으며 앞으로도 계속 볼 것이다. 고속터미널 극장에서.

대모산 등산 모임 외에도 월 1회의 고교 동창 등산 모임인 육봉회가 있어 즐겁다. 막걸리 파티가 뒤따르기에 더욱 즐겁다.

나는 언젠가는 '나 홀로 등산'을 해야 된다고 생각한다. "혼자 등산을 즐기면 프로"라는 말이 있다. 그런데 나는 아직은 못하고 있다. 그만큼 등산의 참맛을 모르기 때문인지, 프로가 아니어서 팀의 일원으로 따라 다니는지. 그래도 등산은 길벗이 있어야 제맛이다. 앞서거니 뒤서거니 하면서 때론 경쟁도 하고 격려도 하면서 정상을 오르는 맛이 있다. 등산 동료들이 한두 명씩 빠져 같이 갈 파트너가 없어지고 있다. 혼자 하는 등산이 머지않을 것 같다.

등산은 인생과 닮은 꼴이다. '정상'이라는 목표를 향해 한발 한발 정진해 나가는 과정이라는 점에서 그렇고, 동료의 보폭과 속도가 아니라 '내 걸음'으로 진득하게 걸어야 정상에 도달할 수 있다는 점에서도 그렇다. 또한 여럿이 함께 떠나도 결국은 혼자 가야 할 길이라는 점에서 인생과 다르지 않다. 앞사람의 뒤통수만 보면서 가더라도 말이다.

대모산도 산이다.

독서당길

계절은 어김없이 찾아온다. 그토록 무덥던 올여름 더위는 간곳없다. 아침 7시에 내복을 입고 달맞이동산 정원에서 스트레칭을 한다. 양팔을 45도 각도로 쳐들고 고개를 들어 하늘을 쳐다보는 '별 바라보기' 운동이다. 푸른 하늘을 이고 노랗게 물든 은행나무가 눈에 들어온다. 역시 가을에는 은행나무다. 어쩌면 그렇게 곱게 물들었는지. 은행나무 몸통을 양팔로 끌어안고 심호흡을 한다. 밤새 목에 찬 이산화산소 덩어리를 내뱉는다. "하나님, 밤새 무탈하게 지내게 해주시니 정말 감사합니다."라고 짧게 기도한다. 계절이 은행나무에 노란 옷을 입힌다. 푸른 옷에서 노란 옷으로 갈아입었다. 이제 곧 곱게 물든 은행나무 잎이 우수수 떨어져 옷을 벗고 나목이 될 것이다. 추운 겨울에 옷을 벗다니, 얼마나 추울까. 그때쯤에는 이사를 가 이 동네 은행나무를 만질 수도 없게 되겠지.

영국 근무를 마치고 귀국하여 옥수동 아파트에 짐을 풀었다. 대가족이 살던 주택에서 오십이 넘어 아파트에 입성한 셈이다. 15층 아파트에 14층이라 한강이 한눈에 들어왔다. 가슴이 탁 트이는 기분이었다. '배산임수'라는 말이 이를 두고 하는 말일 정도다. 뒷산 달맞이공원 쉼터에는 내 키만 한 은행나무가 몇 그루 있었다. 이십오 년이 지난 지금 그 나무들은 하늘을 가리고 끝이 보이지 않게 자랐다. 사실 은행나무는 옥수동의 상징은 아니다.

봄이면 개나리와 진달래가 흐드러지게 피는 산이 우리 동네 뒤뜰이다. 이른봄에는 개나리가 강가 언덕이 노랑 물감으로 끼얹은 것처럼 샛노랗다. 매년 4월 초에 개나리 축제가 열린다. 어느 해인가 우리 부부는 '우리 동네'라는 제목의 성인 글짓기 백일장에 참가하였다. 아내가 〈개나리〉로 입상하기도 했다. 그 후부터 구청에서 기획하는 인문학 강의에 참가하여 재미를 붙이기도 했다. 우리 부부가 즐기는 프로그램이 많다.

옥수玉水동은 예부터 물이 좋아 왕실에서 사용했다고 한다. 교통이 편해 강남, 강북, 경기도, 춘천까지 어디든지 이동이 편리하다. 지하철 3호선 열차가 압구정역을 출발하면 바로 지상으로 나온다. 졸고 있더라도 차창 밖이 훤해지면서 한강이 펼쳐진다. 그러면 옥수역에 다 왔다는 신호이기도 하다. 옥수역과 압구정역 사이를 동호대교가 연결시키며 속이 시원한 한강 풍광을 전개시킨다. 서울 어느 지하철에서 이 같은 강 구경을 할 수 있단 말인가?

예전에는 이 동네가 커다란 포구였다고 한다. 두모포豆毛浦가 있고 두 물이 만난다는 두뭇개도 있다. 중랑천이 한강과 만난다. 한남동 오거리에서 올라오는 언덕바지를 독서당길로 통해 왔다. 멕시코, 인도네시아 등 외국대사관이 모여 있는 동네다. 이 동네에 살면서 독서라는 단어가 길 이름으로 인용된 연유가 궁금했다.

독서당은 조선시대 관료들에게 일정기간 독서와 연구에 전념할 수 있는 기회를 주는 곳이란다. 율곡 이이가 이곳에서 한동안 머물렀다고 한다. 주소가 도로명으로 바뀌면서 독서당길과 같이 역사성이 있는 길이 남아 있는 것은 다행이다.

이렇게 좋은 동네를 두고 떠날 수가 없지. 노후생활에 걸맞게 줄이기로 했다. 인근에 새로 지은 아파트로 옮겼다. 부부 내외가 사는 데 충분하다는 여러 친지들의 조언을 받아 나온 결과다. 그러나 서재가 갑갑한 것이 흠이었다. 책장에는 잡서가 대부분이지만 가지고 가기엔 너무나 많았다. 과감하게 버려도 후회하지 않을는지 모르겠다. 이제 하루 종일 집안에서 칩거해야 할 텐데 서재가 넓었으면 좋겠다는 아쉬운 생각이 든다. 아내가 절대 버릴 수 없다고 우겨대는 흰 유리장을 서재로 끌고 들어와 방이 더 좁아졌다. 나는 책을 안 보는 핑계가 생겼다.

며칠 걸려 정리한 책을 동네 도서관에 보내고, 광고 전문 서적은 사위와 과거 동료에게 나누어 주었다. 책을 처분할 때 섭섭한 마음이 드는 것이 아니라 딸을 좋은 집안에 시집보내는 기분으로 무겁던 마음이 가벼워졌다. 이제 새로운 기분으로 책과 친하게 지내기로 다짐해 본다. 좁아져 오히려 아늑한 느낌이 드는 독서당로. 내 서재에서 옛 조선시대 선비처럼 책을 읽고 글을 쓸 것이다. 노후가 이만하면 축복받은 게 아닐까

이제 곱게 물든 은행나무 잎 하나를 주워 내가 등단한 《수필과비평》(2016년 11월호)에 끼워 두고 싶다.

동유럽과 발칸 나라들

여행이란 국내건 해외건 간에 가슴 설레는 일이다. 집을 떠나 일상적인 일에서 벗어나는 것이 얼마나 신나고 기분 좋은 일이냐 말이다. 더욱이 가보지 않은 미지의 세계를 상상하면서 그림을 그리고 찾아가는 일이니까. 여행도 건강해야지 그렇지 않으면 일행들에게 피해를 준다.

걷기가 불편한 사람은 그룹에서 뒤처지기 일쑤다. 장거리 버스를 타기도 쉬운 일이 아니다.

우리 부부가 체코, 헝가리, 오지리 및 발틱 몇 나라를 돌아보기로 한 것은 한 살이라도 나이를 더 먹기 전에 해외를 돌아보자는 단순한 뜻에서였다. 나는 가도 그만, 안 가도 그만이라는 애매한 태도였으나 아내는 안 가본 동구라파와 크로아티아, 슬로베니아를 이번 기회에 가지 못하면 영영 가지 못한다고 배수의 진을 치고 있었다.

아내가 꼭 가야 한다고 주장하는 데는 여행을 많이 다니는 친구의 권유와 TVN의 '꽃보다 누나'라는 여행 프로가 보여준 발틱의 자연을 화면으로 보았기 때문이기도 하다. 푸른 하늘을 바탕으로 한 빨간 지붕들의 진열은 자연과 도시의 조화를 이루어 내는 한 폭의 수채화다.

자연과 인공의 조화가 이렇게 아름다울 수 있는가. 인간이 할 수 없는 신의 작품으로밖에 볼 수 없다고 주마간산 격으로 본 현장의 느낌이다.

발칸에는 4개의 관광명소가 있다고 한다. 슬로베니아의 블레드 호수, 포스토이나 동굴, 크로아티아의 플리트비체 국립공원, 아드리아해의 진주 두브로브니크를 말한다.

우리는 알프스산맥의 끝자락이 아드리아 해변가까지 뻗어있는 바다와 산맥의 만남을 버스 안에서 보았다. 국도를 달리면서 경치를 보는 것으로 만족해야 했다.

오지리의 잘츠부르크는 음악의 신동 모차르트의 고향이자 영화 〈사운드 오브 뮤직〉의 배경인 '미라벨 정원'이 있는 곳이다. 초콜릿 브랜드 '모짜르트'가 대표관광 상품으로 인기를 끌고 있을 정도로 250년 전에 죽은 모차르트가 이 나라를 지탱한다 해도 과언이 아니다. 생가, 외가 그리고 세례 성당이 이곳에 모여 있어 이 또한 나라 이미지를 고양시키고 있다.

1965년 음악영화 〈Sound of Music〉이 이곳에서 촬영되어 상영되었을 때 주민들이 영화의 장면들이 실제 경치보다 못하다는 이유로 관람 거부 운동을 벌였으나 관광객이 늘어나자 이 영화를 적극 홍보했다고 한다. 오지리에서 슬로베니아로 넘어가는 지루한 장거리 버스 안에서 만년설로 덮인 동부 알프스와 수많은 호수로도 부족했던

지 영화를 보여 주었다.

수녀 되기를 포기한 마리아가 7명의 자녀들을 돌보면서 애들과 친하게 되는 과정을 보여주고 가족합창단을 창단하고 미국으로 망명하는 실화를 바탕으로 한 음악 영화이다. 미라벨 정원을 중심으로 한 배경이 스토리와 맞아떨어져 실물보다 훨씬 아름다운 장면과 분위기를 만들어 냈다. 〈에델바이즈〉 노래와 동화 같은 단순성이 오늘날 뮤지컬로도 성공한 것 같다. 마치 동화 속에 나올 듯한 알프스산맥 아래 호수와 중세시대에 세워진 블레드 성, 그리고 호수 안의 자연 섬은 신이 아니면 만들어 낼 수 없는 작품이다.

빙하 호수인 블레드는 환자 요양 장소로 알려져 있다. 유고슬라비아를 35년간 통치해 온 제3세계의 지도자 티토가 만년에 자기 별장에서 요양했으며 북한의 김일성도 일주일간 머물렀다고 전해 온다. 16세기 교황이 이곳 대주교에게 선물한 성당이 호수 가운데 섬 정상에 자리하고 있다.

사악한 성주가 실종되자 부인이 성주가 되어 농민을 더 착취했다. 그녀는 실종된 남편을 애도하려고 종을 만들었는데 나룻배가 전복되어 종을 수장시켰다고 한다. 폭풍우가 치는 날이면 진흙에 묻혀 있던 종이 운다. 이 소식을 들은 교황이 종을 새로 달아 주었는데 이 종이 성당에 달려 있는 소원의 종이다.

호수를 오염시키지 못하게 장대한 청년 뱃사공이 노를 저어 관광객을 섬으로 실어 나른다. 잘생긴 청년 사공은 아내를 보고 한국어로 "아름답다. 예쁘다."라고 인사를 하자 당황한 아내가 자연스럽게 "Thank you so much." 로 답하며 "서양 사람들은 동양 사람 나이를 잘 몰라요." 라고 한국말로 얼버무렸다. 동료 탑승객의 부러움을 사기도 했다

나는 앞으로 남은 여정을 건강하게 마칠 수 있도록 해달라는 소원을 빌고 종을 쳤다. 내 소원이 하늘나라까지

전해질 수 있도록 힘차게 쳤다. 성당에서 자기 소원을 빌고 종을 힘차게 쳐서 소원이 이루어진다면 누가 마다할 것인가. 나룻배에서 내려 99계단을 올라가야 성당 입구에 닿는다. 신혼부부 경우 신랑이 신부를 부둥켜 안고 이 계단을 올라가야 잘산다는 이야기를 듣고 여기서 결혼식 안 하길 잘했다고 생각했다.

관광객을 즐겁게 하는 관광 이벤트 치고는 재미가 있었다.

유네스코 자연유산인 플리트비체 국립공원은 물이라는 마술사가 보여주는 색채의 향연장이다. 이 일대의 호수 색깔은 석회암 성분으로 인해 녹색 에메랄드 빛 등 다양한 색을 나타내며 물속의 물고기가 보일 정도로 물이 투명하다. 특히 옥빛 호수가 사람의 마음을 사로잡는다. 웅장하게 아름답게 물을 쏟아내는 폭포와 숲속의 산책로를 자연 그대로 있게 만든 자연공원이다. 계단식의 아기자기한 수많은 폭포가 이어지는 산책로를 걷는 기분은 말로 표현할 수 없는 정도이다. 유람선 타는 시간에 쫓기어 인간이 만들 수 없는 호수와 폭포의 산책로를 제대로 걷을 수 없었던 것이 후회된다.

우리가 본 발틱 자연유산 중 이 국립공원이 으뜸이다. 가는 곳마다 '전설 따라 삼천리' 같은 스토리가 있다. 성당, 건물, 기념물, 기념비에 얽힌 이야기가 믿거나 말거나 전설로 전해지고 있다. 이것이 바로 관광 선진국의 주된 콘텐츠가 아닌가 싶다. 도시 중심지에 왕궁이나 성곽이 자리한다. 그곳에 반드시 성당이 세워져 있다. 교권과 왕권이 서로 우위를 점하려고 투쟁한 흔적이 곳곳에서 볼 수 있다. 잘츠부르크 대성당, 성 스테판 사원, 카타리니 교회, 자그레브 대성당 등 대성당들은 규모나 내부 장식에서 중세 교권의 위력을 여실히 보여주고 있다.

"여행은 환상을 깨는 것"이라고 누군가 말했다. 기대했던 만큼 실망이 크다는 뜻이다. 평균 5시간 이상 이동해서 목적지에서는 한두 시간을 넘기지 않는 패키지 여행 속성상 그곳을 다녀왔다는 증명사진 외에는 남는 것이 없다.

그러나 하루의 일정을 마치고 저녁 식사 전에 마시는 이곳 맥주 한잔이 피로를 가시게 할 뿐만 아니라 내일을 기대하게 한다.

여행은 인생에서 걸어야 할 길이다.

인생은 긴 여행이니까.

말미의 장식

한 달 새에 죽마고우 셋이 떠나버렸다. 초등학교부터 대학까지 같은 학교, 같은 과를 다녔던 분신 같은 한 친구는 떠나기 전 저녁도 함께했다. 두 친구들도 매주 금요일 등산을 하며 웃던 친구들이다. 병이 나 소식이 뜸하더니 그냥 가버렸다.

팔십을 넘은 사람의 죽음엔 애통해 하는 사람도, 우는 자도 없다. 고생하지 않고 요양원에 가지 않고 깨끗이 갔다고 남은 자들은 은근히 부러운 눈치다. 죽음을 부러워하다니 말이 되는 소리인가.

죽음은 누구에게나 찾아오며 피할 수 없는 자연 섭리다. 모든 생명체는 피고 지고 사라진다. 나는 이 피할 수 없는 자연의 한 과정을 중요시한다. 자연의 일부일 뿐, 하늘에서 뚝 떨어진 존재가 아님을 알고 있어야 한다. 자연이기에 요즈음 수목장이 유행인가 보다. 마치 나무에 거름을 주듯이 나무와 동화되어 봄이 되면 만물이 소생하듯이 영생하고자 하나 보다.

사월이지만 춥고 쌀쌀한 영국의 봄날, '버지니아 울프'는 코트 주머니에 돌멩이들을 가득 넣고 차디찬 우드 강 속으로 들어갔다. 남편은 3주 후 정원의 커다란 느릅나무 밑에 그녀의 재를 묻었다. 대표적인 수목장이다. 그래도 그녀는 불멸의 작품을 통하여 살아 있다.

사월이 되면 봄이 온다고 노래 부른다. 영국에선 4월의 봄이 시골에서 부활절 행사와 함께 찾아온다.

사람은 나뭇잎과도 흡사한 것
가을바람이 땅에 낡은 잎을 뿌리면

봄은 다시 새로운 잎으로 숲을 덮는다.

이 시구를 외우던 소녀는 어느새 백발이 되었을 것이다. 그 소녀가 꼬부랑 할머니가 된 것을 누구도 탓하지 않는다. 우리는 지구가 돌아가고 있다고 믿기 때문이다. 죽음이 생명을 탄생시킬 수도 있는 세상에 살고 있기에 모든 종교는 죽음에 대한 문제를 해결하려고 한다. 기독교는 부활로써 영생을, 불교는 윤회로 위로 받는다.

종교는 죽음을 인류의 종말이나 단절로 보지 않는다. 삶과 죽음이란 봄, 여름, 가을, 겨울이 왔다가 가고, 갔다가 오듯이 무한히 순환하는 회전목마와 같다.

인생의 일들 중에 가장 큰 일 세 가지는 출생, 결혼, 죽음이다. 이중 두 가지는 예정할 수 있다. 출생도 예정일이 있고 결혼도 날짜를 정하지만 죽음은 전혀 예상할 수 없다. 오래 아프던 사람도 갈 때는 그만 홀연히 가 버린다. 지켜보고 있다 잠시 자리를 비운 사이에 가 버리기도 한다. 이래서 종신 자식은 팔자에 있어야 한다고들 말

하나 보다.

상대성이론을 내세운 물리학자 아인슈타인처럼 “자신의 인생에 성공도 실패도 없이 그저 자연의 일부일 뿐이고 원할 때 여행길에 오르고 싶다.”더니 나도 하느님이 부르면 하늘로의 여행길에 나설 준비로 있고 싶다.

생로병사가 다 주님의 뜻이라고, 하나님 계획 속에 있다고 믿고 되뇌고 있지만 막상 병을 앓고 수술에 직면하면 두려워진다. 자연으로 돌아가기에는 과정을 다 거치게 되어 있다. 항상 준비를 하여야겠다. 덜 두려워하고 담담할 수 있도록.

말미를 장식하려면 주위 사람들에게 감사 인사도 늘 하고 대화도 많이 나누며 내가 무슨 위대한 예술가가 되어서 좋은 작품으로 멋진 장식을 남기진 못 하더라도 소박한 무엇이라도 남기고 싶다. 떠나고 나서도 사랑 받는 사람으로 남고 싶지만 그것도 꿈일 것 같다. 정말 좋은 글 한 편 남기고 싶다.

멕시코 화가

미국에 처음 갔을 때 건물마다 그려진 벽화가 이색적이었다. 우리가 살던 LA 부근에는 그림인지 낙서인지 구분이 되지 않는 벽화가 유난히 눈에 띄었다. 그로테스크한 웅장한 모습의 짐승인지 사람인지 알 수 없는 그림들이다.

가난한 동네나 히스패닉계 사람들이 사는 동네에는 거의 예외 없이 크고 작은 벽화가 있다. 집안 거실에 걸어놓기에는 너무나 큰 대작이다. 그래서 이웃사람 누구나 감상하고 마음의 위로를 받을 수 있게 제작되고 전시된 듯하다. 19세기 당시 러시아, 스페인, 멕시코 등 나라에서는 공산주의에 바탕으로 한 아나키즘, 테러리즘, 농민 폭동으로 혁명 전야같이 뒤숭숭한 분위기였다. 이런 정국을 보여주는 그림에서 기관총으로 무장한 정부군과 곡괭이로 맞서는 농민들의 반항 장면을 쉽게 볼 수 있다. 나는 이번 전시에서 벽화를 구경할 수 없으나 그 뿌리는 같아 보였다

한 달쯤 되었을까. 배달된 신문 속에 흰 봉투가 들어 있었다. 상품 광고지가 들어 있겠지 하고 열어 보았는데 '프리다 칼로 작품전' 티켓 2매가 아닌가. 나는 작가에 대해 전혀 백지상태인데 반해 전시 장소는 내가 좋아하는 올림픽 공원 안에 위치한 '소마SOMA'였다. 초청 티켓이니 당연히 무료다. 전시작품이 나의 시선을 끌지 못하면 바로 올림픽 공원 잔디밭으로 나오면 그만이다. 땡볕이지만 걷기를 할 수 있는 곳이어서 마음이 끌렸다.

한번 가 보아야지 하고 마음먹었다. 그리 크지 않는 '소마'는 Seoul Olympic Museum of Art의 약자에서 나타

듯이 88올림픽에서 얻어진 산물이다, 지금까지 그래 왔듯이 어린이 미술 작품 전시장으로 전락하기에는 전시장이 너무 아깝다. 제5 전시장과 마지막 멕시코미술 전시장을 돌면서 느낀 바는 미국에서 본 벽화가 바로 맥시코미술이라는 강한 인상을 받게 됐다. 그곳에 전시된 많은 초상화, 자화상, 정물화에서 벽화의 원조를 보는 듯하다. 벽화 작업은 사회주의적 속성의 '공동작업'이라는 의미가 있다. 프리다 칼로의 남편이자 그림 스승인 디에고 리베라는 벽화의 대가이다.

간판으로 내건 〈절망에서 피어난 천재 화가 프리다 칼로〉는 관람객들에게 호소력이 있다. 그녀는 초현실주의 화가라는 꼬리표를 달고 화단에 등장했다. 그가 예술학교에서 수업할 때 열렬히 따랐던 제자들은 '프리다 사단'이라고 불린다. 〈목걸이를 한 자화상〉에서 나타난 까만 머리카락, 굵은 두 눈썹이 연결된 독수리 날개 같은 일자 눈썹 그리고 자세히 보면 눈에 띄는 콧수염, 돌멩이 같은 비취 목걸이가 프리다 그림의 특징이라고 할 수 있다.

또한 〈내 마음속의 디에고〉에서는 면사포를 쓴 신부처럼 쓰개를 덮어쓰고 있다. 신부처럼 리베라를 기다리는 모습이다. 이마에는 리베라의 초상이 선명하게 새겨져 있다. 마치 그만이 그녀의 생각을 지배하듯이 칼로는 자신을 남녀 모두를 사랑할 수 있는 강인하고 원숙한 여인으로 그려낸다. 또한 새의 날개를 닮은 일자 눈썹은 자유를 향한 열정을 암시한다고 해석한다.

그녀는 6세에 소아마비로 '나무다리 프리다'였다. 18세에 전차와 충돌하는 교통사고, 32번의 수술이 말해 주는 병원 기록이 그녀의 절망을 대변할 수 있을까? 육체적 고통에 더하여 리베라의 바람기로 인한 정신적 피폐가 작업에 본격적으로 몰두하게 만들었다. 혁명가 트로츠키, 조각가 노구치, 사진가 머레이와의 사랑을 나누었고 동성애를 거치며 폭풍 같은 시간을 보낸다. 이때 8년간의 결혼생활 중 그린 것보다 훨씬 많은 작품을 남긴다.

그녀는 평생 소원으로 "디에고와 함께 사는 것, 그림을 계속 그리는 것, 그리고 혁명가가 되는 것" 세 가지로 집

약했다. 그중 그림은 결코 꿈을 그리는 것이 아니라 자기의 현실을 그린다고 밝히고 있다.

그녀의 남편인 리베라는 "예술은 진실일 때 자연과 하나가 된다. 내 최고작의 비밀은 그것이 멕시코산이라는 것이다."라고 미국 주요 도시의 벽화를 그리면서 멕시코 화가임을 강조했다.

우리는 멕시코의 미술을 잘 모른다. 그녀는 공산주의 사상, 자유 분방한 연예행각 그리고 절망에 가까운 신체적 결함에서 탈피하여 '예술 그리고 사랑과 혁명의 길'을 걷는다. 내가 보기에는 성공한 화가라기보다 열정과 불굴의 의지를 지닌 당대의 파란만장한 인물이기에 한국에서도 인기가 있는 것 같다.

방마다 꽉 찬 젊은 엄마들, 미술 선생의 손에 이끌려 온 학생들이 주류를 이룬다. 언제부터 멕시코 미술, 아니 프리다 칼로의 초상화가가 우리 젊은 엄마들을 사로잡고 있었는지. 우리도 이제 서양화를 거쳐 동양화를 섭렵하고 라틴아메리카 미술로 넘어가고 있는 것인가. 미술관을 나오니 뜨거운 여름 햇살이 올림픽공원 잔디밭을 내리쬐고 있다. 공짜표로 프리다 칼로의 작품을 감상하면서 우리 젊은이들의 미래가 밝다고 생각된다.

베드로의 눈물

이십 년 전, 지방 신문사 주필들과 함께 서구라파를 여행한 적이 있다. 당시만 해도 해외여행이 흔하지 않을 때였다. 열 명의 그룹여행이었다. 물론 여행사에서 전문 가이드를 배정시켜 여행에 아무 문제가 없었다. 각 지방에서는 내로라 하는 대표적인 여론 지도자들로 대접만 받아본 '귀하신' 인물들이었다. 각자 개성이 강하고 매사에 비판적 시각을 갖고 있어서 단체생활은 어렵겠다는 선입견은 맞지 않았다. 중앙지와 달리 지방지 주필들은 까다롭지 않고 겸손하기까지 했다. 당시 나에게는 인솔자 역할이 주어졌으나 안내 및 인솔 역할은 서울가이드와 현지가이드가 다 맡았기에 나도 주필들과 같이 관광을 즐길 수 있었다.

그때 스페인 고도 톨레도 야시장에서 엘 그레코의 베드로 프린트 그림을 한 장 샀다. 그 그림이 유명한 〈베드로의 눈물〉인 줄도 모르고 그저 얼굴이 길고 팔이 길게 그려져 특이하다고 느껴 산 것이었다. 북통에 넣어 서울로 잘 가져왔다.

어느 일요일, 곽선희 목사의 설교 시간이었다. 베드로가 예수를 알지 못한다고 세 번 부인한 사실을 설교하면서 베드로가 왼 손목에 천국열쇠를 걸고 있다고 했다. 집에 오자마자 그림 앞으로 달려갔다. 인사동에서 포구를 한 그림에 두 개의 열쇠가 손목에 걸려있음을 발견하고 얼마나 감격스러운지. 왜냐하면 당시에는 베드로 초상화도 처음 보았을 뿐만 아니라 베드로가 왜 눈물을 흘렸는지, 그리고 천국열쇠를 가졌는지가 전혀 아는 바 없었기 때문이다. 그때 난 기독교인 초년생이었다.

그후 이십 년이 지난 금년 유월 중순, 아내와 함께 스페인 여러 도시를 주마간산 격으로 둘러보았다. 평균 34도~35도의 열대성기후에 보통 버스를 5~6시간은 타는 거리이기에 막상 꼭 봐야 할 명소를 건성으로 지나치기 예사였다.

그러나 〈베드로의 눈물〉 원화가 톨레도 대성당의 높다란 곳에 걸려있음을 우리 일행은 아무도 몰랐겠지만 우리 부부는 다소 흥분 속에서 제대로 감상을 했다. 이 그림은 예수를 세 번 부인한 후 참회의 눈물을 흘리고 있는 베드로의 얼굴을 너무도 사실적으로 잘 묘사하고 있으며 왼팔에 천국열쇠를 그림으로써 주인공이 베드로임을 보여주고 있다.

엘 그레코 박물관에는 〈성 베르나르디노 성인〉 제단 병풍 그림이 소장되어 있다. 그림의 인물은 비율을 무시한 채 상당히 길게 그려져 있다. 엘 그레코는 사물을 길게 그리는 화풍의 창시자라고 할 수 있다.

스페인에는 엘 그레코뿐 아니라 그 유명한 피카소와 고

야가 있다. 우리는 불행하게도 피카소의 작품을 구경하지 못하였다. 대작 〈게르니카〉 속의 6·25전쟁을 일별할 기회도 없었다.

고야는 젊었을 때 프레스코화 공부를 하게 되고 왕립 태피스트리 공장에서 밑그림을 그렸다. 작품 〈마야부인〉은 작품 자체의 예술성보다 외설성으로 인해 종교 재판에 회부되어 더욱 유명하게 되었다. 〈몽클로아의 총살〉은 나폴레옹 군대의 만행을 고발하고 있으며 20세기 표현주의에 지대한 영향 끼친 그림으로 평가받고 있다. 고야의 작품은 거의 다 세계 3대 미술관이자 스페인의 대표 미술관인 프라도 미술관에 소장되어 있다. 말을 타고 있는 고야의 동상이 프라도 미술관 정면에 세워져 있는 모습이 왠지 미술관과 어울리지 않는다.

이 미술관에 엘 그레코 작품 30여 점이 소장되어 있는데 주로 종교적 주제를 다룬 작품이다. 그의 대표 작품은 〈베드로의 눈물〉, 〈오르가스 백작의 매장〉을 꼽는다. 그의 작품 특징인, 작품 속의 인물들이 길게 그려진 것은 작가의 신앙관을 볼 수 있는 부분이다. '하나님께로 향하는 영혼'의 모습을 표현해 주고 있다. 그림 속에서는 '가느다랗고 긴 여성스러운 손가락', '서로 붙어있는 가운데 두 손가락'으로 표현되어 있다.

스페인에서는 이러한 미술작품들이 외국인의 눈을 즐겁게 해 주는 훌륭한 관광 상품이다. 그림보다 더 관광적인 작품이 있다. 바로 '돈키호테'다. 우리는 소설 《돈키호테》의 배경인 푸에르토라피세에 세 시간이 걸려 도착했다. 돈키호테가 놀았다는 동네와 작가 세르반테스가 머물렀던 여관을 구경했으나 관광용 수준으로 꾸며져 있었다.

이 책은 성경 다음으로 각국에 많이 번역되고 읽히고 있다. 왜 그렇게 많이 읽히는지, 나름대로 해석하면, 유머와 해학이 넘치는 재미의 소설이며, 미치광이의 이야기, 그리고 이상과 현실 사이에서 타협을 거부하고 자신의 신념을 실천하는 영웅의 스토리이기 때문인 것 같다. 사백 년 전에 출간된 《돈키호테》가 오늘날에도 읽히는 것은 주인공이 광인이기 때문이다. 지금은 그때보다 광인이 훨씬 많아졌겠지.

스페인의 관광자원을 생각해 본다. 가톨릭 성당, 회교 사원, 넓은 국토, 올리브나무, 미술품, 문학 작품들…. 이들 가운데 하나를 꼽으라면 단연 성당이다.

지금도 거실 모퉁이에 있는 〈베드로의 눈물〉을 보며 그 눈물의 의미를 되새겨 본다. 나도 베드로처럼 비굴하게 누구를 배신한 적이나 당당하지 못 했던 순간이 있지 않았나 돌아본다.

볕 양산에 빼딱구두

어머니는 열여섯에 시집을 와 열일곱에 나를 낳았다. 오빠와 남동생이 하나, 네 명의 딸 중 셋째 딸이었다. 언니의 결혼 함지기로 왔던 신랑 친구인 아버지는 첫눈에 어머니를 마음에 두었다. 부모님을 졸라 매파를 넣어 부랴부랴 혼인을 했다. 키가 크고 숙성하여 꽉 찬 나이로 보였던 모양이다.

경상도 합천 산골에서 일찍 결혼한 할아버지는 학식으로나 그의 야망으로 시골 땅에 못박지 못 하고 부모님, 처자식을 등지고 대처로 향하였다. 아들 둘을 낳은 할머니는 돌아가시고 형님은 일본으로 가고 아버지가 할아버지를 만났을 때는 새할머니와 함께였다. 내가 본 할머니는 외출할 때는 화려한 양산을 쓰고 뾰족한 구두를 신는 신여성이었다. 일제 시대였으니 상당히 세련된 모습이었다. 여느 할머니의 모습이 아니었다.

어머니는 매서운 시집살이를 했다고 한다. 나는 어려서 몰랐지만, 아내에게 혹독했던 시집살이에 대해 하도 하소연을 많이 하여 아내는 내 어머니의 시집살이를 활동사진을 본 것같이 기억하며 속상해 했다.

그런 할머니지만 나에게는 각별하였다. 온 정성을 쏟았다. 아이를 낳지 못한 할머니는 나에게 당신의 아이처럼 애정을 쏟았다. 아우도 일찍 보고 어머니가 신경이 약하여 젖도 부족하여 나는 병약하여 설사를 자주했다. 그때 헐은 곳을 혀로 핥아 씻어주기까지 했다고 들었다. 어머니가 나를 안고 자면 에미 잠결에 젖에 애기 코 누른다고 할머니가 데리고 잤다. 깨어 젖 먹을 시간이 되면 안방으로 건너와 젖을 물리느라 어머니는 치마 벗고 잠 한번 편히 못 자 애기인 내가 밉기까지 했단다.

아버지의 직장 관계로 조부모님과 따로 살 때 나는 조부모님과 살았다. 학교에 들어갈 때 부모님 집으로 왔는데 할아버지께 가려고 떼를 쓰다 아버지께 종아리를 맞았다. 그게 내가 아버지께 혼난 처음이고 마지막 일이었다.

신식 할머니가 일찍 병으로 돌아가시고 할아버지가 부모님 집으로 와 살 때 나와 할아버지는 겸상을 하여 특별대우를 받았지만 둘레상에 둘러앉아 함께 먹는 동생들 밥상이 더 맛있어 보였다. 할아버지는 낚시를 다닐 때도 꼭 나를 데리고 다녔다. 돌아올 때면 양과자를 사 혼자 먹으라고 일렀지만 집에 와 동생 발을 꾹 눌러 눈짓하여 부엌에 와 나누어 먹었다. 편애도 있었겠지만 입맛이 까다롭고 잘 안 먹는 손주에 대한 배려였던 것 같다.

"나같이 박복한 년이 친정이 다 무슨 소용이여.
내가 다시는 친정에 오면 풍산 홍씨 성을 갈 거여.
아버지 어머니 죽으면 머리 풀구나 올 테니 그리 알

아요."

"나더러 개장국을 떠다 먹으라면 가마솥을 통째로 떼어다 먹을까 봐서 늙은 어머니가 꾸부정거리고 손수 떠다 바쳐요. 그렇거든 맘먹구나 떠다 주든지. 건더기도 없이 멀건 국을 떠다 주면서—. 이게 딸년 대접하는 거여? 거렁뱅이도 이리 대접할 수는 없어."

할머니는 소리소리 지르셨다.

목성균의 수필전집 중 〈할머니의 세월〉 한 토막이다. 병약한 손주에게 줄 음식이기에 이렇게 소리소리 지르며 절규할 수 있다. 본인 입도, 아들 입도 아닌 손주 입에 넣어줄 음식이기에 그렇다. 또한 작가도 손주이기에 이런 글을 쓸 수 있다.

대를 이어갈 손주의 병약함에 안타까워하는 할머니의 푸념에 나를 끔찍이 여겼던 내 신식 할머니를 소환한다.

조부모 밑에 자란 사람들의 품성이 좋은 쪽이 더러 있

다. 아마도 부모님이 조부모를 의식하여 함부로 자녀를 다루지 않고 노인들의 지혜와 무조건적인 사랑이 보탬이 되어서인 것 같다.

나의 신식 할머니가 돌아가신 음력 2월. 부고를 들고 지인들 집으로 알리러 다니던 날은 몹시도 추웠다. 매서운 바람에 뺨에 흐른 눈물이 얼어붙었다.

3부

빈센트 반 고흐Vincent van Gogh

수선화

아버지는 어디에 계셨습니까?

어린 손자

유머 감각

정치 광장

지하철 예찬

빈센트 반 고흐Vincent van Gogh

빈센트 반 고흐. 그는 우리에게 친숙하게 알려진 이름이다. 이름 자체만으로도 충분한 수식어가 되기 때문에 군더더기가 필요 없다. 얼마 전 차를 타고 광화문을 지나다 빌딩에 붙은 '반 고흐 기록전시회' 배너 광고를 보았다. 순간적으로 마감일이 2월 8일임을 알고 안도했다. 며칠 남았으니 관람할 수 있다는 기대감 때문이다.

바로 닥터 강에게 연락해서 두 부부가 전시회를 관람하고 저녁식사를 하기로 결정했다. 닥터 강의 부인은 그림을 그리는 화가라 전시회에 빠질 리가 없다.

전시회 장소가 전쟁박물관이라는 데 믿어지지 않았다. 반 고흐 작품을 어떻게 전쟁박물관에서 전시할 수 있는가, 하는 의문이 앞섰다. 전시장에 들어가기 전까지 의문이 사라지지 않았다. 전시는 내가 생각한 반 고흐의 작품 전시가 아니라 전시 벽면을 가득 채운 디지털 영상물 전시였다. 1890년 권총 자살로 죽기 전 십 년 동안 그린 그림을 5기로 나누어 전시하고 있었다. 그때서야 〈반 고흐 10년의 기록전〉이란 제목이 눈에 들어왔다.

영상 시대임을 실감나게 하는 전시다. 몇 호 되지 않는 작은 그림을 벽면 가득 채워 관람객을 압도하게 하는 디지털 기술이다. 기술적으로 어떻게 처리했는지 알 수 없으나 그림을 디지털 카메라로 찍어 확대한 것 같다. 살아서 움직이는 듯한 영상물은 분명히 관람객의 시선을 끈다. 앞으로 미술작품은 이렇게 영상물로 만들어져 새로운 전시 장르를 이루어 나갈 것 같다.

벽면 가득 사이프러스와 올리브나무의 이미지 앞에서 젊은 여성 관람객들은 스마트폰으로 연신 촬영을 해댔다. 카메라에 담고 싶은 충동이 일어났다. 그뿐 아니다. 자화상이 유별나게 눈에 띈다.

모델이 화가 자신이기에 모델료 걱정은 하지 않아도 되었겠다.

너무 노래서 "노란색의 극치"라는 〈해바라기〉, 이 색을 자꾸 보면 미칠 것 같다는 평을 듣는다. 그리고 칠흑같이 어두운 밤에 쏟아지는 별들을 그린 〈별이 빛나는 밤〉은 누가 뭐래도 대표작이다. 우리에게 친숙한 반 고흐의 작품들을 크게 영상화시켜 보는 기회는 가졌으나 명화를 상업화시킨 듯한 느낌을 지울 수가 없었다. 그림 영상물보다 각방마다 붙어 있는 설명문이 마음에 들었다. 반 고흐를 이해하는 데 쉽고 재미있게 쓰인 교육적인 설명이어서 좋았다.

반 고흐는 천재화가로서 미술사에 남긴 족적 못지않게 한 인간으로서의 드라마틱한 삶이 우리로 하여금 그에게 빠져들게 한다. 그는 자연을 사랑하며 자연을 그리고 화가들의 공동체를 만들어 같이 생활하기를 원했다. 그 대상이 그가 존경하는 고갱이다. 비운의 화가 반 고흐는 평생을 고독 속에서 살아오다가 드디어 후기인상주의를 대표하는 고갱을 친구로 삼게 되었다.

그러나 그들의 잦은 의견 충돌로 고흐는 결국 면도칼로 자신의 왼쪽 귀를 자르는, 상상을 초월하는 행동으로 나타났다.

임신한 창녀 '시엔'을 만나 1년간 같이 생활한다. 아버지의 결혼 반대로 시엔은 다시 창녀로 돌아간다.

화상인 동생 테오의 도움 없이는 작품생활을 제대로 할 수 없을 것으로 평가 받는다. 형이 좋아하는 고갱과의 관계를 유지시키기 위해 동생이 고갱 그림을 사준다.

그의 동생이 "형의 작품은 너무 어둡고 유행하는 인상주의 그림이 아니라고" 평하면서 판매의 어려움을 변명했다. 태양에 맞서는 정열을 가진 반 고흐도 주민들이 정신병 환자 취급에 견디기 힘들어서인지 스스로 정신병원을 찾아간다.

〈정신병원의 현관〉, 대표작 〈아를의 별이 빛나는 밤〉,

밀레의 〈씨 뿌리는 사람〉을 모방하거나 비슷한 그림들은 이때에 그려졌다. 반 고흐가 진실성과 독창성을 생명으로 삼고 그려낸 2천여 점의 그림, 드로잉, 스케치는 세계 미술사에 한 획을 긋고 있다.

화가든 작가든 창의적인 작업을 하는 사람들은 보통 평범한 사람이 아니어야 한다는 결론을 반 고흐에게서 얻게 된다. 우리가 보기에는 약간은 비정상적인 사람, 그리고 수명을 다하지 못하는 단명의 사람들이라고 본다.

그림 전시보다는 강렬한 임팩트를 주는 영상전시의 시대가 우리 곁에 다가왔다.

수선화

대지에 봄기운이 돌면, 영국의 봄이 내 눈에 아른거린다.

한국의 봄은 꽃샘추위 속에서도 꽃을 앞세워 잘도 찾아온다. 개나리, 진달래, 목련 그리고 벚나무는 앞을 다투면서 꽃을 피운다.

음산하고 찬 습기가 코트 속으로 파고드는 영국의 겨울은 언제 어디서나 마귀 할머니가 나타날 듯한 분위기를 만든다. 햇볕도 없는 긴 하루가 계속된다.

이런 이유 때문인지 몰라도 영국에서는 4월 부활절 휴가철이 되어야만 시골 박물관이 문을 연다. 시간이 있다고 시골을 돌아다니면서 박물관 구경을 하겠다면 허탕 치기 일쑤다. 사순절부터 삼라만상이 기지개를 펴기 시작하고, 사람들은 야외 나들이에 나선다.

〈더 델즈의 봄〉이란 제목이 붙은 무명화가 에이 잉햄(A. Ingham)의 그림은 봄이 오면 우리 집 거실을 장식한다. 그림 속의 봄은 더욱 찬란하게 빛난다. 창고 같은 모양의 높다란 통나무집이 여러 채 모여 있다. 마을의 넓은 공터 한가운데에는 고목이 우뚝 서있다. 녹색을 머금은 고목은 생기 가득하다. 완연한 봄이다. 그 고목 아래 한 무리의 양떼와 양치기의 긴 지팡이가 눈에 들어온다. 잉햄의 그림은 우리 봄기운과 어울려 영국의 봄을 상상하게 한다.

한국의 사월은 런던 기준으로 오월과 엇비슷한 날씨다. 영국의 봄은 한국보다 한 달 늦게 찾아온다. 두 나라의 봄은 분위기가 사뭇 다르다.

아지랑이와 함께 오는 한국의 봄을 아련함으로 표현한다면, 영국의 봄은 부드럽다고 말하고 싶다. 포근하고 따뜻한 느낌이다. 을씨년스럽고 어두운 육 개월이라는 긴 겨울을 보냈기에 봄볕이 더욱 따스하고 만물이 부드럽게 느껴지는지도 모르겠다.

영국의 봄이라고 하면 낭만주의 시인 윌리엄 워즈워스가 떠오른다. 알랭드 보통은 《여행의 기술》이라는 책에서 워즈워스를 안내자로 등장시켰다. 영국인들은 영국에서 꼭 가 볼 만한 곳으로 캔터베리, 요크, 레이크 디스트릭트 세 군데를 든다. 캔터베리는 천당과 제일 가까우니 그렇고, 요크의 아름다움이야 미국 이민자들이 미국 땅에 '뉴 요크'를 세운 것만 보아도 알 수 있다. 레이크 지방은 순전히 자연 풍광 때문이다.

사월이 오면 레이크 지방 어디에나 수선화가 핀다. 산들바람에 춤추듯 흔들리는 수선화는 새봄의 전령사다. 레이크 지방은 워즈워스를 낳았고, 이 지방의 자연이 그를 위대한 시인으로 만들었다. 레이크 지방과 워즈워스는 따로 뗄 수 없는 관계다. 나는 워즈워스의 시를 모르는 상태에서 이 지방을 찾았다.

오래전에 큰아들, 아내와 함께 레이크 지방을 돌아다

닌 적이 있다. 우리는 워즈워스가 거닐었음직한 호숫가를 지나 험준하지 않은 구릉지를 걸었다. 나는 마치 시인의 제자가 된 듯한 기분이었다. 수많은 작가들이 레이크 지방의 자연을 칭송하고 작품으로 승화시켰는지 알 수 있을 것 같았다.

나는 워즈워드의 시 〈수선화〉를 나직이 읊조려 본다.

골짜기와 언덕 위를 높이 떠도는
구름처럼 외로이 헤매다가
문득 나는 보았네
호수가에서, 나무 아래서,
바람을 따라 한들한들 춤추는 것을

수선화는 2월에 뿌리에서 20~30센티 되는 꽃줄기가 나온다. 4월이 되면 그 꽃줄기 끝에서 백색, 등황색, 홍색의 꽃이 피기 시작한다. 여러 색깔이 있지만 흰색이 으뜸이다.

수선화의 속명은 나르키소스다. 나르키소스는 그리스 신화에 나오는 미소년으로, 연못 속에 비친 자신의 아름다운 모습에 반해 그것을 잡으려다 물에 빠져 죽고 말았다. 나르키소스가 죽은 자리에 핀 꽃이 바로 수선화다. 그래서 수선화는 자기애, 자기주의, 고결, 신비, 자존심을 의미한다. 이른봄에 잔설 속에서 꽃줄기를 밀어내고 흰색깔의 꽃을 피운 수선화는 신비할 정도로 순수하다. 눈 속에서 피어오른 연약하면서도 생명력이 있는 수선화는 이곳 자연과 잘 어울린다.

시인은 자연이란 새, 냇물, 수선화, 양羊으로 이루어져 있다고 생각했다. 나는 레이크 지역과 워즈워스, 수선화에 관한 추억을 떠올려보아도 아무것도 생각나지 않았다. 그러나 이 지방의 자연은 또렷하게 떠오른다.

작가 베아트릭스 포터도 레이크 지방을 사랑했다. 포터는 이 지방에 개발바람이 불자, 개발로부터 보호하기 위해 500만 평의 땅을 사들여 '내셔널 트러스트'에 기증했다. 그녀는 땅을 기증하면서 '현재 있는 그대로 보존할 것'

을 조건으로 달았다. 얼마나 멋있는 조건인가!

영국인들의 자연사랑 정신이 없었더라면 레이크 지방이 지금의 모습 그대로 남아 있었을까? 나는 레이크 디스트릭트의 아름다움은 수선화와 함께 영원히 보존될 것이라 믿는다.

어디선가 불어온 바람 한줄기에 속절없이 흔들리면서 향기를 뿜어내는 수선화를 내 어찌 잊을 수 있으랴.

아버지는 어디에 계셨습니까?

내 고희를 기념하여 자녀들이 한자리에 모였다. 결혼하여 해외로 나간 자녀들이 다들 참석하기론 처음이다. 제주도의 싱그런 바람은 우리들을 들뜨게 하기에 충분했다. 배우자들까지도 함께하고 오랜만에 만난 분위기가 다소 어색했지만 이내 화기애애해졌다.

와인의 힘도 한몫했지만 우리 집안의 언론자유가 잘 보장되는 특징이 나타나버렸다. 느닷없이 막내가 나에게 묻는다. “아버지, 내가 아버지를 찾을 때 어디에 계셨습니까?” 무르익어 가던 분위기에 찬물을 끼얹었다. 나는 어안이 벙벙했다. 그러나 아무 말도 안했다. 아마도 고3 때 함께하지 못했고 그 간의 해외 생활에 내 조언이 필요할 때가 있었나 보다고 생각했다.

아들이 삶은 달걀을 좋아하는 줄을 나는 몰랐다. 그리고 오렌지주스를 제외한 과일 주스를 마시지 않는 것을 집에서 아침 식사를 같이하며 최근에야 알았다. 왜 하필 오렌지주스만 마실까 하는 의문이 생긴다. 나는 삶은 계란이 타박타박하여 식도로 잘 넘어가지 않는다. 그보다는 삶은 계란의 냄새도 고약한 편이다. 그런데 막내아들은 야채 주스는 싫어하고 삶은 계란을 좋아한다.

막내가 좋아하고 싫어하는 것이 분명하여, 대인 관계나 사내 소통이 원만하지 못한 것 아닌가 염려된다. 남이 다 같이하는 일에는 참여하지 않다가 자기가 주도하는 일에는 적극 참여를 권하는 타입이다.

그 애가 초등학교 2학년을 LA에서 보내고 있을 무렵이다. 토요일 오후, 동네 야구부에서는 엔절팀과 파드레

팀으로 나누어 야구시합을 정기적으로 했다. 5학년짜리 형은 엔젤팀의 선발투수였고, 막내는 파드레팀의 외야수였다. 이 야구시합은 출전하지 않는 가족들도 응원하는 동네의 큰 행사였다. 아이는 점점 시들해하며 게임이 있는 날 나가기를 꺼려했다. 우선 형이 적군이 되어 잘나가고 자기 팀은 약세여서 신이 나지 않았다. 결국 야구부에서 빠졌다. 자기가 각광받지 못하면 하기 싫은 것이었다.

LA에 있을 때 주말이면 아내 친구 집에서 일박하는 재미가 어른 아이 할 것 없이 좋아했다. 막내는 한사코 따라가지 않겠다는 것이었다. 혼자서 넓은 집에 어떻게 있느냐고 아무리 설득해도 막무가내였다. 열 살 이하 어린 아이를 혼자 집에 두는 것은 법으로 허용되지 않는 곳이지만 할 수 없었다. 버릇을 고치느라고 두고 가 보기로 했다.

간 큰 아이라고 치부했지만 나중에 자기 누나에게 실토한 바에 의하면 밤에 무서워서 텔레비전만 보았다는 것이다. 괜히 밤에 혼자 있어도 무섭지 않다고 허풍을 떨었지만 실은 견디기 힘든 경험을 했다. 사실은 그 집에 모이는 애들이 모두 자기보다 크고 나이가 있어 자기를 끼워주지 않는다는 게 가기 싫어했던 이유였다, 형뻘 되는 애들 속에서 졸병 노릇하기 싫다고 버틴 결과는 지독한 무서움을 당한 것이었다. 군대로 말하면, 심야 야산에서 극기 훈련을 한 셈이다.

고3 때 이야기다. "이제 고교에서는 배울 것이 없다. 대학에 진학하지 않겠다."면서 공연한 생때를 부렸다. 부모뿐만 아니라 사회 전반에 반항하는 공세를 취했다. 나는 할말을 잊고 저러다가 돌아오겠지, 하고 별로 심각하게 여기지 않았다. 봄 방학에 계룡산으로 혼자 다녀오더니 학교를 그만두겠다는 것을 형이 설득하여 일단 고등학교는 졸업하기로 했다. 여름방학에는 친구와 보따리를 싸서 치악산으로 들어가 버렸다. 고시공부를 하는 형들의 심부름을 하면서 책을 많이 본 모양이다.

치악산 사전답사를 갔다 오는 도중에 길을 잃어 산중 바위 틈에서 무서움에 떨었던 경험은 그가 겪은 고행 중 하나이다. 그는 고통도 몸소 경험해야 직성이 풀리는 성격이다.

영국으로 발령을 받은 나는 얼굴이라도 보아야 하기에 치악산으로 찾아갔다. 이제 너의 뜻을 펼쳐 보였으니 하산하자는 설득이 별로 먹히지 않았다. 그 때 대학에서 배울 것은 철학이라고 믿기에 철학과에 지원할 것이라고 나름대로 포부를 말해 주었다. 나는 전공과는 상관없이 대학에 가겠다는 데 안도했고 뒷받침을 하고 싶었다. 우선 전공하고 싶은 학문이 동양 철학이라는 데 안심했다.

동양 철학을 공부한다는 것이 자랑스러웠다. 평소 알고 있는 영국 변호사를 런던 트라팔가에서 만나 식사를 하면서 이런저런 이야기를 나누는 기회가 있었다. 막내가 철학을 공부한다는 내 자랑을 귀담아들었는지 중국 철학자의 책을 보내왔다. 지금은 저자 이름을 기억 못하나 아들은 그 책을 들고 교정을 돌아다니며 우쭐해 했을 모습을 그려보았다.

아버지와 아들, 그 누구도 그 틈을 비집고 들어올 수

없다. 엄마, 딸도 들어올 수 없는 사이다. 사나이와 사나이 사이일 수도 있다. 아니, 남성 대 남성이기에 깊이가 있다고 보아진다.

그는 평범한 일생을 살려고 마음먹은 사람은 아닌 것 같다. 성과를 최우선 목표를 삼아 일을 추구하는 타입의 사람이다. 남의 말을 듣지 않고 자기가 옳다고 판단하면 끝까지 주장한다.

옆에서 보면 매우 위태위태한 자세이고 타인과 사소한 의견 상충이 파국으로 치닫기도 할 것 같다. 나는 허세를 피울 나이도 아닌 아들이 성실한 자세로 안정된 생활을 하기 바란다. 막내가 풍파를 맞아 요동치는 돛단배의 키를 쥐고 있는 선장 노릇은 바라지 않는다.

요즈음 아들 세대는 자녀 육아에 불쌍할 정도로 적극적으로 참여하고 같이 놀아주는 경향이다. 그러나 내 세대는 아이들과 시간을 함께 갖지 못했고 자기 맡은 일에 지나치게 충실한 삶을 살아왔다. 나의 성실한 삶의 족적이 아들에게 흔적으로 남을 것이다.

내 막내가 방황하며 나를 찾을 때 나는 그 곁에 없었다. 지금 그 곁에 있으며 하는 나의 조언은 그에게 해답이 될까?

어린 손자

삼 년 전에 손자가 태어났다. 그동안 가족들이 모일 때마다 이 집안에는 아들이 없어 큰일이라는 것이다. 말은 딸이면 어떻고 아들이면 어떤가라고 항변을 해보지만 맏상주가 없으면 어딘가 서운한 것 같다. 남아 선호 사상이 사라진 지 꽤 오래됐지만 지금도 남자의 쓸모가 있기 때문인가. 남아 탄생은 가문의 영광은 아니더라도 가문의 경사임에 틀림없다. 이 남자아이가 할아버지를 꼭 닮았다고 보는 사람마다 입을 뗀다. 발가락도 닮는데 얼굴형이 닮는 것은 흔한 일이다. 격세유전이론도 있으니까. 아기는 아버지를 뛰어넘고 할아버지를 닮을 수도 있다. 나를 닮은 것은 잘되었다고 볼 수도 있고, 잘못되었다고 볼 수도 있다. 대를 이을 장손이기에 의견이 분분하다

아기엄마가 당분간 해외생활을 해야 될 사정으로 아기를 우리가 맡게 되었다. 아기는 할머니, 할아버지가 번갈아가면서 보고, 같이 놀아주어야 했다. 손주는 아직 말을 잘 못한다. 말문이 터지지 않아 의사표시를 잘 못하는 어려움이 있었다. 아기를 키운다는 것은 말을 배우는 것, 기저귀를 사용하지 않는 것, 영양이 고루 포함된 밥을 먹는 것, 잠투정하지 않도록 유도하는 것을 의미한다. 아기를 양육한다는 것을 이렇게 규정한다면 내가 할 일은 하나도 없다. 용변 의사 표시 외에는 말을 하지는 못해도 말을 알아듣는 것에는 문제가 없었다.

할머니가 저녁식사가 준비됐으니 '할아버지에게 식사하러 오시라'고 말하면 달려와 식탁 쪽으로 끌어당긴다. 유모차를 타고 싶으면 바깥으로 나가자는 몸짓을 한다. "바깥으로 나갈까?"라고 물으면 "예 ~ ~."라고 소리를 크게 또

렷하게 답한다. 자기 마음에 들 때 표출하는 긍정적 반응이다. 우리가 알아듣지 못할 고함을 크게 지르는 것은 부정적 반응이다. 좋고 싫음이 분명하여 혼선이 있을 수 없다. 아동발달심리학에서는 10세가 되면 옳고 그름을 확실하게 구분하고 가치판단이 확립된다고 주장한다.

우리 속담에도 "세살 버릇이 여든까지 간다."는 말이 있다. 어린애의 가정교육이 얼마나 중요한가를 손자를 통해 절감하게 된다. 이제 그 말썽꾸러기 손자도 며칠 후면 우리 집을 떠난다. 섭섭하기보다는 시원하다는 표현이 맞다. 고약한 냄새를 맡으면서 변의 상태가 좋은지 나쁜지를 검사하는 일까지 맡아 하루 한두 번을 겪어야 했다. 손자의 변에서 냄새를 못 느끼며 변의 상태를 파악하는 수준에 이르러야 진정 손자를 좋아한다고 할 수 있다. 나는 언제쯤 손주를 좋아하고 사랑하게 될 것인가. 그래도 기저귀 앞뒤를 알아 불편하지 않게 채울 수 있게 되었다. 옛날 말에 "똥이 촌수를 따진다."더니, 손주와 나는 몇 촌인가.

육아교육에 필수적인 것이 TV 프로다.

아기를 달랠 때 우리가 주는 쿠키 과자처럼 달콤하고 맛이 있다. 미국 〈디즈니 주니어〉, 영국 BBC의 〈텔레토비〉 등으로 대표되는 각종 어린이 프로들이 애기들을 TV 앞으로 다가오게 한다.

80대 할아버지는 도저히 이해 못하고 재미없어 하는 프로에 애들은 빠져들어간다. 어쩌다 채널을 돌릴 경우 TV 화면을 손바닥으로 치면서 울분을 못 참는다.

그렇게 재미가 있는지? 푸른 잔디밭에서 불쑥 튀어나오는 인형 캐릭터들이 모여 춤추고 노래 부르는 원색 화면에 애들이 빠져들기 마련이다. 아동심리학의 이론을 원용한 영상물임에 틀림없다. 광고기획 전문가들이 미래의 소비자인 어린이를 상대로 한 광고물을 기획하는 이유를 알 것 같다. 면도기 광고판이 어린이 놀이터에 세워져 있음을 볼 수 있다.

어린이집은 세금으로 운영되는 애들의 교육장이며 보금자리이다. 부모들이 취업하고 있는 동안 애들을 정부가 육아시킨다는 제도이다. 우리 집 애기는 정부의 혜택을 받지 못하고 떠났다.

할아버지의 오늘날은 지금으로부터 80년 전부터 이어온 습관에서 비롯된 것이 아닌가 싶다. 어린이 교육이 중요하다고 새삼 느낀다.

"지호야, 잘 자라다오!"

유머 감각

영국 처칠 수상이 연단 위에 오르려다 넘어져 청중들이 웃자, 아무렇지 않게 일어나 말했다. "제가 넘어져 여러분들이 즐겁게 웃을 수 있다면 다시 한 번 넘어지겠습니다."라는 조크로 분위기를 반전시켰다. 과연 대영제국의 수상다운 여유로운 면모를 볼 수 있다.

대통령 후보가 선거 유세 때 계란세례를 받았다고 하자. 이럴 경우 어떻게 대응하는 것이 좋을까?

"사랑하는 유권자 여러분, 계란만 던지지 말고 소금도 함께 부탁합니다."라고 대응한다면 어떤 반응이 나올까.

정치하는 사람은 조크와 위트를 섞어 가며 유권자를 손아귀에 쥐었다 폈다 해야만 유능한 정치인이 될 수 있다. 청중들의 야유에 말려들면 실패한 정치인이 된다.

'다시 넘어지겠다.' '소금을 달라.'는 말이 이 유머의 핵심이다. 이런 말을 사용하는 정치인과 그렇지 못한 정치인과의 차이는 엄청나다. 당선과 낙선의 차이니까. 유권자를 웃게 만드는 것은 유머 감각이다.

이러한 감각을 키우는 것은 쉬운 일이 아니다. 세상을 좀 더 즐겁게 살고 싶으면 유머러스한 사람을 양산해 내야 한다. 우리는 유머 없는 정치, 유머 없는 사회, 유머 없는 일상 속에서 살고 있다. 얼마나 삭막한 세상에서 지내고 있는지 우리는 잘 느끼지 못 한다. 여기에 재미가 중요한 역할을 한다. 매사를 재미있게 만드는 것은 유머와 위트 감각이다.

여성학자 박혜란 교수가 아이들이 학교에 갔다 오면 "재미있었니?"라고 묻는 게 전부였다고 한다. 나는 이 말을 들었을 때부터 애들이 학교에 갔다 오면 "공부 잘했니?"가 아니라 "재미있었니?"로 인사말을 바꾸었다.

지난 몇 년 동안 〈광고와 생활〉이라는 교양과목을 강의했다. 이 과목은 다른 과목과 달라 재미있을 것이라는 학생들의 기대치가 있었다. 그러나 막상 강의가 계속될수록 빈자리가 늘고 조는 학생이 늘어났다. 종강 후 학생들의 평가에는 재미없어 졸았다는 지적이 빠지지 않았다. 유머감각이 부족한 탓이었다.

강의, 연설, 설교, 고객 설득 화술에 재미는 빠져서는 안 될 필수요소다. 우리는 세미나에 참석할 경우 '재미나'에 참석한다고 비아냥거리기도 한다. 재미가 없으면 세미나도 진행될 수 없다는 말이다. 재미있게 프리젠테이션을 할 수 있다는 것은 그저 하나의 재주가 아니라 뛰어난 능력에 속한다. 교육에서조차 학생들이 즐기면서 공부할 수 있게 하는 에듀테인먼트가 강조되고 있지 않는가.

내가 아는 광고회사 사장은 틈만 나면 사무실을 순시하면서 직원들에게 말을 건넨다. "자네 건달이지?"라는 사장 말에 한 직원은 어이없어 했으나 '건강 달리기 선수'의 줄임말임을 알고 한참 후에야 박장대소를 했단다.

그는 “손수건은 빠뜨려도 유머는 빠뜨리지 말아야지.” 하고 직원들에게 유머의 중요성을 강조했다. 지도자가 유머와 재치를 갖추고 있는 것은 그 나라 국민들의 마음에 여유가 있을 것 같다. 유머와 조크가 통하는 나라는 역시 선진국이다. 유머가 생활화되어 있는 나라일 것이다. 미국 대통령들의 유머에 대한 일화는 수도 없이 많다. 그 중에 링컨, 케네디, 레이건, 부시가 돋보인다..

케네디 대통령이 즐겨 사용하던 유머가 있다. 한 러시아인이 크렘린궁 안에서 “후르시초프는 바보다.”라고 소리치며 돌아다녔다. 그 사나이는 즉각 체포되어 25년의 금고형에 처해졌다. 죄목은 다음과 같았다. 당의 서기장을 모욕한 죄 5년, 국가 기밀을 누설한 죄 20년. 공산주의 체제의 취약점을 유머화 한 것이다.

나는 유머가 우리의 삶을 풍요롭게 한다는 사실을 잘 알지만 유머감각이 부족하여 답답하기만 하다. 서점에 나와 있는 유머 책 몇 권을 구입하여 읽어 보기도 했으나 별로 도움이 되지 않았다. 촌철살인의 맛이 나는 감각은 타고나야 한다. 해외근무를 같이한, 한 동료가 술 한 방울 마시지 않고 좌중을 웃기기도 하고 울리기도 하는 것을 보면 참 부러웠다.

북한조차도 유머감각을 중요시하는 것 같다. 조선 중앙통신사가 북한 근로자의 생활을 낙천적이고 다정다감하게 만들기 위해 발간한 《세계의 유모아》 전집을 구해 교육해 보면 유머감각이 살아날지 모르겠다.

지금은 SNS로 소통하는 시대니 유머감각이 필수인 세상이다. 이 감각이 없으면 교수도, 목사도. 의사도, 그리고 사장으로도 성공할 수 없겠다. 사회구성원이 일정 수준의 교양과 지적 수준을 갖추는 것이 기본이다. 여기에 유머를 할 수 있는 여유와 감각을 갖고 생활 속에서 일상화하는 일이 중요하다.

'유머의 생활화'가 재미있는 세상을 만드는 데 첩경이라고 본다. 언제 재미있는 세상에서 살아갈 수 있을까

정치 광장

촛불과 태극기로 양분되는 시위대 세력은 서로 충돌하지 않고 끝나가고 있다. 다행 중 다행이다. 나는 4·19혁명을 직접 겪은 경험자로서 물리적 충돌 없이 지나는 이번 사태가 이 나라에서 일어나고 있다는 사실이 기적 같다. 대한민국이 그만큼 성숙한 민주국가로 발전했기 때문인가? 그렇다. 시위 후 광장이 깨끗이 청소된 것을 보아도 그 수준을 알 수 있다. 매주 토요일 오후 광화문광장 일대는 인산인해였다. 주변 전철역들도 발 디딜 틈 없이 복잡했다. 등산복 차림의 중년 신사들, 삼삼오오 짝을 지어 몰려다니는 고교생들, 데모하는 사람 같지 않게 외출복을 잘 차려입은 아줌마들. 사람 구경할 만한 보기 드문 풍경이 전개된다.

집안에 틀어박혀 있던 나는 친구의 권유로 사람 구경할 작정으로 나가기 시작했다. 약속 장소인 덕수궁 정문 앞을 찾아갔으나 바로 옆에 있던 동료를 알아보지 못할 정도였다. 맨 중년, 나처럼 늙은이들 판이었다. 그 사람이 그 사람으로 보여 구별이 되지 않았다. 눈이 주위에 익숙하게 되자 사람 구별이 되었다. 군중 속에서는 사람 구별이 잘 되지 않는 것 같다. 웬 선글라스를 그렇게 많이 끼고 있는지…. 그래서 "군중 속의 고독"이란 말이 있는가 보다.

태극기의 물결은 보기에는 좋았지만 떠내려 보내는 힘이 없어 보였다. 태극기를 흔들며, '아 아 대한민국'을 목놓아 불러보는 가운데 나라 사랑이 자랄 수 있다. 우리는 애국을 모르고 자랐다. 애국은 정치가들이나 학교 선생님들이 입에 올리는 단어로만 알고 있었다. 오래전에 자동차로 미국 중부지역을 지나간 적이 있다. 오후 5시. 광활한 들판에 멀리 보이는 흰색의 건물에서 성조기가 내려온다. 지나가던 차들이 멈추며 성조기를 향하여 거수경례를 한다. 얼마나 멋있는 장면인가! 노동자든 농부든 시골에 사는 미국시민은 하기식을 그냥 지나치지 않는다. 이들은 이층 양옥에 사는 전형적인 미국 중산층이다. 애국이 몸에 배어 있는 계층이다. 애국이 보수의 핵심가치다. 현존 가치를 지키는 보수세력이라고 규정할 수 있다. 미국우선주의America First를 주창하는 트럼프정책을 지지하는 세력이기도 하다. 광화문광장에 모인 청장년들을 과연 진보세력이라고 규정할 수 있을까? '진보'는 여러 뜻이 있으나 사회를 이끌고 나가는 힘이 강할 뿐만 아니라 자유롭다. 사회현상을 타파하고 개혁한다는 의미에서 진취적이다. 진보는 이념적 개념으로나 정치적 개념으로 보아 다를 수 있다. 보수에는 나이, 재산, 소득, 보존해야 할 가치 등에 비중을 두고, 진보는 자유, 평등, 개혁, 사회타파에 역점을 둔다고 구분해 본다. 사실 자주 쓰이는 보수, 진보 적용이 구체적으로 무엇을 의미하는지 모른다. 보수 진보가 서로 얽키어 상대방 영역을 침범하기도 한다. 진보 영역으로 인식되어 온 사회복지에서 보수가 앞서 나가는 나라들이 있다.

광장정치는 고대 그리스 정치에서 유래된다. 중세 독일에서도 콘도를 직사각형으로 지어 마을을 이루고 그 한 가운데 광장을 마련하여 포럼Forum을 만든다.

타운 미팅이 이루어진다. 유럽에서 민주주의가 성숙해 가는 과정을 보여준다.

런던 하이드 파크에 연설을 자유롭게 하는 스피커스 코너Speaker's Corner가 있다. 연설자는 청중 없이 자기의 의견을 허공에 대고 연설하는 장소로 유명하다. 이것도 훌륭한 정치광장이다. 이번 스캔들 사건으로 인하여 소득이 있다면 광화문과 시청 앞마당이 정치광장으로 자리매김된 것이다. 정치광장이 만들어진 것을 비관적으로 볼 필요는 없다. 시민들의 정치적 활동 영역이 확대된 것으로 해석해도 좋을 것이다. 광장에 모여 고함을 질러도 자유다. 광장에서 자기주장을 외치는 시위자들을 거의 볼 수 없고 마이크 소리에 맞추어 구호를 외칠 뿐이다. 길고 추웠던 대결의 겨울이 끝나고, 푸른 잔디가 자라는 광장의 계절이 하루빨리 왔으면 한다.

'아, 나의 사랑하는 조국, 대한민국은 영원하리라.'

지하철 예찬

나는 지하철을 좋아한다. 우선 목적지까지 시간을 맞출 수 있고, 노인들은 무료로 승차할 수 있기 때문이다. 그것보다는 건강에 도움이 된다. 전철역까지 걸어야 하며 계단을 오르락내리락해야 한다. 역사에 붙어있는 철도 시詩도 열차를 기다리는 승객을 즐겁게 한다. 우리 집 역 앞에는 이런 구절이 있다.

힘들다고 투덜대고/ 할 것 없다 포기하며/ 손놓은 소리에 꿈이 달아난다/ 힘들어도 해야 돼/ 세상에

쉬운 일이 없어/ 생각 고쳐 먹고/ 밝은 웃음으로 노력하는/ 그대 열정에/ 저만치 달아나던 꿈이 달려온다/ 꿈이 오는 소리가 들린다.

얼마 전에 제주도를 다녀온 적이 있다. 김포 공항에서 옥수동 집까지 어느 교통편을 택하는 것이 가장 효과적인지를 자연스럽게 계산했다. 지하철을 이용하는 것이다. 지하철 중에 공항철도를 택했고 다섯, 여섯 정거장을 거쳐 서울역에 도착했다. 일반 지하철보다 비교되지 않을 정도로 빨랐다. 일반인의 요금이 8천 원인 것에 비하면 큰 혜택이다. 차내에 설치되어 있는 입간판이 실내를 화려하게 장식하고 있어 차 안이 환하게 보인다. 처음 타본 급행 공항철도는 우리의 '빨리 빨리' 정신에 한국적 미를 가미한 새로운 형태의 한국적인 작품으로 등장한 것이다. TV만 켜면 한국 음식 요리법을 보여주며 음악과 무용에서도 한류라는 이름으로 시청자를 잡아끈다. 동남아에서는 한국 드라마가 인기란다.

한국적인 것이 각광을 받는 세상이 되었다. 구석구석으로 파고드는 지하철은 한국을 살맛나는 나라로 만들었다고 해도 과언이 아니다.

한국의 지하철은 세계 어느 지하철보다 깨끗하고 우수하다. 내가 타본 런던, 모스코바, 뉴욕, 동경의 지하철보다 승차감이 좋고 편안하다. 150여 년 역사를 지닌 런던 지하철이 불과 12개의 노선을 가지고 있다. 우리나라와는 비교되지 않는다. 런던의 밤 문화를 살리기 위해 지하철 밤샘 운행을 시도하고 있다고 한다. 그만큼 지하철이 위력을 발하고 있다.

대중을 위한 교통수단이 저렴하고 깨끗하니 제대로 된 나라라고 할 수 있다. 여행용 가방을 무릎 앞에 두고 앉아있는 젊은 여인들의 얼굴에서 행복감을 느낄 수 있다. 인천공항에서 김포공항을 거처 서울 시내로 들어가는 이 편리한 교통수단이 여행객들을 만족시켜 주기 때문인지 모른다.

지하철 에티켓이 있다. 노인네가 젊은이의 앞에 서 있는 것 자체가 젊은이에게 신경 쓰이게 한다. 노인네는 노인석 앞에 서 있을 것도 에티켓이 될 수 있다. 서양에도 유교의 장유유서長幼有序가 경험을 중시하는 연공 서열제로 나이 든 사람을 우대하는 가치관이 있다. 몇 년 전만 해도 노인이 앞에 서면 젊은이들이 벌떡 일어서 자리를 양보했으나 요즈음은 쳐다보지도 않는다. 스마트 폰을 쳐다보느라 누가 자기 앞에 서 있는지 상관하지 않는다. 아니, 그것보다는 왜 노인네가 노인석에 가지 않고 우리 앞에 서 있는가라는 장유유서 가치관이 붕괴되는 현상이다.

자리 하나를 놓고 노인네와 젊은이가 다툼을 하면 정말 꼴불견이다. 젊은이가 이기게 되어 있는 이 자리다툼에 나는 빠진다. 동작 빠른 젊은이에게 자리를 뺏기기 마련이기 때문이다. 나는 노인석보다는 일반석을 찾는다. 노인석에 앉으면 노인이 되어버리는 같아서 싫다. 노인 냄새가 나는 듯하기도 하고 눈 감고 졸고 있는 모습에서 내 자화상을 보는 듯하기 때문이다. 대접 받는 노인 사회가 되어가는 분위기다. 단지 일본의 지하철에서 볼 수 있는 노인들은 한결같이 문고판을 읽고 있는 데 반해 한국의 어르신네는 스마트 폰을 보거나 아니면 아에 눈을 감고 있다.

매주 금요일은 등산의 날이다. 10시30분까지 과천역 부근의 작은 교회 카페에 모인다. 대모산 등산팀 대원들은 차를 마시면서 1주일간 소식을 털어놓는다. 마지막 8번째 동료 등산객이 들어오기를 기다린다. 이름만 대모산 등산팀이지, 과천 대공원 둘레길을 걷는 코스다. 15년의 역사를 지녔으니 이 모임이 잘되고 있음을 보여준다.

오늘도 3시 수필반 공부 때문에 식사가 끝나자마자 지하철로 달려왔다. 항상 시간에 쫓기는 금요일 오후다. 노인석에 빈자리가 있어 앉았다. 그 옆자리에 술을 마신 듯한 건장한 장년이 말을 걸어온다. 손에는 약 봉투를 들고 있다. 본인이 척추협착증을 앓고 있는데 10미터 정도 걸으면 주저앉아 쉬어야 하는 환자란다. 오늘도 의사가 수술을 해야 한다고 해도 약 처방만 받고 병원에서 빠져나왔다는 얘기를 내가 듣든지 말든지 하고 있었다. 7백

50만 원의 수술비가 필요한데 딸이 부담해 주겠다는데도 재발에 대한 보장이 없기 때문에 의사 말을 듣지 않는단다. 상대방이 들어주는가 여부에는 관심이 없이 호소하는 식이다. 고향도 물었다. 부산이라는 대답에 자기도 부산이라고 더욱 반가워했다. 파주에서 음식점을 크게 하는데 요즈음 장사가 잘 안 된다는 얘기까지 끝이 없었다. 그는 스마트 폰을 꺼내 내 전화번호를 입력시켜 달라고 한다. 첫인상과 달리 순수하게 보였다. 대화의 상대가 없어 말을 못 하다가 자기 말을 받아주는 승객을 만났다는 표정이었다.

옆에 앉은 할머니가 갓 돌 지난 듯한 애기에게 고개를 흔들면서 '도리도리'를 가르쳐 따라하게 하는 장면도 차 안에서 일어난 일이다. 과천에서 왕십리까지 제법 먼 길을 가자면 구경거리가 있다. 노인석은 3명씩 마주보고 앉게 되어 있다. 꼬부랑 할머니가 우리 자리로 왔다. 내 옆자리에 앉은 중년신사가 자리를 내주었다. 이를 지켜보던 앞자리 승객이 "실례지만 연세가 어떻게 되었소?"라고 약간 시비투로 물었다. 자리를 양보한 그 승객은 "80이요." 하자, 믿거나 말거나 모두들 80에 자리 양보가 있을 수 있는가라는 표정들이었다. 다음 역에서 내리는 승객 뒷모습을 향해 노파는 "복 많이 받으세요."라고 한마디했다. 노인이 노인에게 자리를 양보하는 광경은 지하철에서 가장 아름다운 장면이다. 내가 동작 빠르게 자리를 양보했더라면 하고 후회했다.

외국 관광객의 지하철 탑승 느낌을 한번 듣고 싶은 충동이 인다. 외국인에게도 좋은 점수를 받을 것 같다. 서울의 지하철이 관광코스로 등장할 날도 머지않았다.

지하철은 이제 모르는 사람들도 서로 말을 건네는 대화의 장이며 어린이에게는 교육의 장이기도 하다. 젊은 청년들이 노약자나 할머니, 할아버지들에게 자리를 양보하는 분위기를 만들면 우리나라는 한 단계 성숙한 사회로 전진할 것이다.

4부

천국에서 온 선물

추억산책

충성보다 중요한 정직

클라크 총장

태영호 증언

틀니의 추억

하루의 일과

행복한 금요일

천국에서 온 선물

며칠 전 나는 천국에서 보내온 설 선물을 받았다. 음력 설을 맞이하여 선물을 교환하는 우리나라 풍습은 아름다운 우리 고유의 미풍양속 중의 하나다.

설 선물의 부작용도 만만치 않다. 중소기업체는 적당한 설 선물을 준비하는 일이 고민거리란다. 국내 유수한 광고회사는 선물을 주지도 받지도 못하게 엄격히 규제하여 전통화시키고 있다.

지상에서 사는 사람이 하늘나라에서 영생·복락하는 고인의 설 선물을 받다니 기절초풍할 노릇이다. 처음에는 고인의 이름 석 자가 적힌 '보내는 사람'란을 보고 놀랐으나 가족들이 고인의 뜻을 받들어 고인의 이름으로 보냈다고 판단된다. 아무리 설 선물이라고 해도 받는 사람은 부담이 된다.

작년 10월 갑자기 불귀의 객이 된 K는 이 세상을 떠나서도 우정을 더 느끼게 하는 유별난 친구이다. 병원 중환자실에 누워 있을 때도 우리 집으로 사과 한 박스를 보내와 우리 내외를 놀라게 한 바 있었다. 보통 사람이면 병원에 입원 중에 추석 선물을 걱정하며 배달시킬 수 있을까? 사과는 어느 지방, 어떤 브랜드가 맛이 좋으며, 제주도 특산품은 어떤 건어물이 좋은지 그리고 주문처를 잘 알고 있는 친구이다. 그리고 남에게 호의를 베풀고 자기가 어떤 사람인지 각인시키는 인물이다. 나는 고인의 물질적인 우정보다도 정신적인 우정을 더욱 높이 사기 때문에 이러한 유별난 모습을 감격스럽게 받아들인다.

나는 일찍 떠난 K와 소통을 할 수 있을까?

"죽음, 영혼, 종교"에 관해 공부하고 있는 맹난자의 〈본래 그 자리〉를 읽었으나 머릿속에 남는 것이 없다. 다만 철학자 자크 데리다는 "죽은 자와 소통하고 싶다면 그의 책을 읽어라. 작가는 읽히는 한 죽지 않는다."라는 대목은 남아 있다. 망자가 몇 권이든 책을 써야만 소통이 가능하다.

딸이 오래전에 미국 인기작가 미치 앨봄의《에디의 천국》을 추천해주어 읽은 적이 있다. 주인공 에디는 팔십 평생 놀이공원 정비공으로 살아오다가 어느 날 사고로 죽음을 당한 뒤 천국에서 다섯 사람을 차례로 만난다. 괴물인간 블루맨은 천국에 첫발을 디딘 에디에게 이렇게 말한다.

"당신은 이제부터 천국에서 다섯 사람을 만날 것이다. 우리는 어떠한 형태로 당신의 인생에서 존재의 이유가 있었다. 그 당시에는 당신이 의식 못했겠지만 그래서 천국이 존재하는 것이다. 당신의 인생을 이해하기 위해……. 이것이 하나님이 우리에게 주신 가장 큰 선물이다."

앨봄은 천국이 인생을 이해하고 화해하고 그래서 평온을 얻는 곳으로 그리고 있다.

고인과도 우정을 나눌 수 있는가는 의문이 생긴다. 작품이 읽히는 한, 작가는 죽지 않고 살아 있는 것과 마찬가지로 고인도 우정을 통하여 살아 있을 수 있다.

죽마고우도 아니고 중고등 학교 시절 친구도 아닌 직장 친구 한 사람 K를 이야기하지 않을 수 없다. 기자로 출발한 그는 만년에 기업인으로 성공하고 주경야독으로 노인복지학 박사학위를 취득, 강의도 했다. 가정적으로도 남이 부러워할 만하다. 사위, 며느리를 포함, 6명의 자식이 모두 박사학위를 취득해 후학들을 가르치고 있다. 이것이 어디 우연이라고 할 수 있을까. 성공한 삶의 한 장면이다. 한마디로 성실 덩어리다. 그래서 사바세계에서 76년을 보내면서 실패와 실수가 거의 없었다.

그 친구가 나에게 준 교훈은 한두 가지가 아니다. 우선 정확한 판단력이다. 수많은 경험과 경륜에서 나올 수도 있다. 용의주도한 생활 태도도 배워야 한다. 허점을 보이지 않는 자세이다. 엉성하고 허점투성이인 나로서는 가장 존경스러운 대목이다. 본인이 직접 가꾸어 놓은 충주 별

장과 진달래 동산에 우리 부부가 초청받아 갔을 때 받은 인상은 일종의 충격이었다. 불타는 진달래꽃 동산은 아름답다기보다 신비스러워 보였고 붉은색, 흰색, 진홍색으로 이루어진 진달래 군락은 장관이었다. 충주호수가 내다보이는 동산은 명당자리에 위치하고 있었다. 언제 충주까지 와서 이렇게 자리를 잡다니, 내 주위 친구 중에는 이런 인물이 나오지 않는다.

기자 출신들이 가입하는 언론인 친목단체인 대한언론인회가 나를 지명하여 추도사를 낭독하라는 주문이 있었다. 피할 상황이 아니어서 조사를 쓰고 낭독을 했다. "우물쭈물하다가 내 이럴 줄 알았다."는 버나드 쇼의 묘비명과는 달리 후회 없는 한평생을 살다 간 한 사나이의 묘비가 세워질 것이다. "흔적 없는 발자취 후회는 없다."는 그의 자작 묘비명이다. 친구야! 부디 하늘나라에서 명절 선물은 그만 챙겨라. 우정에 금이 갈라.

2016년 2월 2일

추억산책

2017년 정유년도 끝나가고 있었다. 예년과 다름없이 집에서 TV를 보면 하루 시간이 잘 간다. 금년은 다를 것 같다. 12월 29일 일가친지 20여 명을 초대하여 금혼식 잔치를 벌였다.

목사님 주례로 금가락지 선물교환을 포함하여 제법 격식을 갖춘 리마인드 웨딩이었다. 식사 대접을 받는 것으로 알고 참석한 하객들은 다소 놀라는 표정들이었다. 주례자가 "신랑 신부는 한몸이니 하나님이 짝지어주신 것을 사람이 나누지 못 할지어다."라고 말할 때 분위기가 숙

연해지기도 했다.

2부에서는 손주들의 재롱을 비롯하여 노인들의 트로트에 이르기까지 다양한 레퍼토리가 나왔다. 가족은 가족대로, 초대 손님은 손님대로, 언젠가 우리도 리마인드 웨딩을 한번 해보자는 분위기였다.

아내는 31일 아침에 눈 뜨자말자 지하철을 타고 온양온천장으로 가자고 한다. 행사 준비에 무리를 했으니 며칠 쉬었다 가자는 나의 제의에, 오늘 가지 않으면 의미가 없다는 논리를 폈다. 《한국산문》 1월호에 아내의 글이 게재되었는데 우리들의 금혼식 이야기를 하면서 "이제 공짜 지하철 표로 장항선 온양온천이나 가 봐야겠다."는 결어로 독자와 약속을 했다는 것이다.

지하철(사실은 지상철)로 '온양온천역'을 찾아가야 했다. 온양 가는 길은 다른 길도 있었지만 우리 부부는 처음 가는 길이라 쉬운 길을 택했다. 종로3가역에서 1호선으로 신창을 향해 계속 가면 온양이 나온다는 것이다. 2시간 반 가까이 소요되어 신혼 여행지였던 온양온천역에

도착했다.

역사는 최근에 지었는지 크고 화려하고 눈에 쉽게 들어왔다. 2시가 넘어 배가 고팠으나 우선 온양관광센터로 갔다. 관광 안내자는 주말이자 연말이어서 기차표 사기가 힘들고 지하철은 간격이 뜸해서 불편하다고 충고했다. 고속버스를 타면 편하고 빠르겠지만 기차를 선호하는 이유는 50년 전 목탄차에 대한 향수 때문이었는지도 모른다.

역에서 불과 300미터 거리에 온양관광호텔이 위치하고 있었다. 우리는 목적지인 이곳에서 식사도 하고 온천 목욕도 했다. 거대한 목욕탕은 발 디딜 틈이 없을 정도로 북적거렸다. 일 년 중 마지막 날에 묵은 때를 다 씻어내겠다는 듯이 결연한 모습들이다. 나도 마음의 묵은 때를 씻어내듯이 동참했다. 호텔 산책길과 수령이 높은 향나무들이 옛모습을 떠올리게 했다. 내부는 리모델링하여 예전의 모습은 찾을 수가 없었다.

눈이 쌓였으면 오십 년 전의 결혼 분위기를 맛볼 수 있으련만….

운좋게 저녁 6시 반 무궁화호 열차표를 구입했다. 텅 빈 플랫폼에 야간열차를 기다리는 노부부의 모습은 전문 연출자도 만들어내지 못할 장면이다. 주위가 어두워 핸드폰으로 그 장면을 잡을 수 없어 아쉬웠다. 무궁화호가 이렇게 넓고 편안한 줄을 미처 몰랐다. 밖은 칠흑같이 깜깜한데 창가에 마주보며 정답게 대화를 하는 장면을 그렸다. 기차 여행은 확실히 낭만적이다. 플랫폼은 이별의 상징이며 출발의 첫걸음이다. 기차를 타면 마음이 안정되고 과거를 회상하게 된다. 무언가도 생각하게 만든다.

열차 내 전광판에 부산과 여수를 잇는 남도 해양 관광열차를 운행한다는 광고가 나왔다. 이 열차는 영호남을 연결하여 이 두 지방의 화해와 교류를 촉진시킬 것으로 믿는다. 남도 해양코스를 돌아볼 충동이 생겼다. 언제 실현될지는 두고 보아야 하지만 빨리 달리는 KTX나 STR보다는 느리게 달리는 일반 열차가 편할 것 같다. 관광열차는 바깥 풍광을 볼 수 있게, 갑갑하게 느낄 정도로 느리게 달렸으면 좋겠다.

걷기모임에서 빈 필하모니 오케스트라의 신년 음악회 표를 확보해 두었다. 메가박스에 표를 구입하러 갔을 때 앞줄 가장자리만 남았다. 한발 늦었으면 그 표조차 살 수 없었다. 새해를 신년음악회와 함께 출발한다는 뜻이 있는 것이다. 음악은 무거운 음악이 아닌 주로 요한 슈트라우스의 왈츠, 폴카들이다. 흥겹고 화려한 음악을 90여 개 나라에서 5천만 명이 시청한다니 새해 희망과 평화를 가져올 것임에 틀림없다.

1부에서는 반은 졸았다. 전날 온양온천을 다녀와 피곤했던 게다. 리카르도 무티가 지휘봉을 잡았다. 지휘자의 노련함과 카리스마를 그대로 보여주었다. 앙코르는 무조건 받아 주어 관객은 더 즐거웠다. 신나는 곡들과 같이 새해에는 희망차고 행복한 한 해가 되기를 바란다. 이곳을 시작으로 추억의 산책을 해보련다.

올해는 출발이 좋다.

충성보다 중요한 정직

원일한元一漢 박사

지금은 고인이 되어 역사 속에 묻힌 인물이지만, 호러스 그랜트 언더우드Horase Grant Underwood 박사는 한국 이름 원일한으로 더 유명하다.

오래전 일이지만 한 모임에서 원 박사와 같은 테이블에 앉아 식사를 할 기회가 있었다. 서양사람 치고는 풍채가 작고 왜소해 보여 다른 한국인들에게 부담감을 주지 않을뿐더러, 한국말을 유창하게 구사하여 전혀 외국인같이 느껴지지 않았다.

한국인보다 한국을 더 사랑한 신촌 원씨들

120여 년 전 기독교 선교사로 이 땅에 첫발을 내디디며 우리와 인연을 맺은 언더우드가家는 언더우드 1세(원두우)를 시작으로 4대가 격동의 한국 근대사를 함께한, 한국과 가장 깊은 인연을 맺은 대표적인 서양인 가문이다.

언더우드 가문과 한국의 각별한 인연은 1885년 한말 개화기에 한국으로 건너온 원두우元杜尤 박사로부터 시작되었다. 원 박사는 김규식과 안창호를 배출한 경신학교와 연세대의 전신인 연희전문학교, 새문안교회를 세운 분으로, '신촌 원씨'의 원조라 하겠다. 그의 아들 원한경元漢慶 박사는 연희전문학교 교장으로서 한국 고등교육 발전에 크게 기여했다.

내가 만난 원일한 박사는 원한경 박사의 장남으로, 연세대 교수 겸 재단이사로 봉직해 왔고 교회에서는 장로의 직분을 맡고 있었다.

내가 이분에 대해 무언가 기록하고 싶은 충동을 느낀 것은 그를 잘 알아서가 아니라, 부전자전父傳子傳이라고 그와 그의 아들 원한경 박사가 어쩌면 그렇게 꼭 같은 말을 하는가에 있다.

아들인 원한경 박사는 2004년 11월 연세대에서 은퇴한 뒤 정든 한국 생활을 끝내고 미국으로 돌아갔다. 그런 그가 최근 다시 한국에 와 한국인과 한국문화에 대해 나름대로 쓴소리를 털어놨다는 기사를 읽었다. 나는 신문에 난 몇 줄의 기사를 보고 돌아가신 그의 아버지 원일한 박사의 한국관과 어쩌면 그렇게 일치하는가에 놀라지 않을 수 없었다.

커닝하는 대학생, 부정직한 한국인

원한경 박사에 따르면, 뿌리 깊은 유교사상 때문에 한국사회에서는 "정직보다는 집단에 대한 충성이 더욱 중요하다."라고 했다. 대학생들의 '커닝'은 너무도 흔한 일로, 들켜도 "친구가 부탁해서요."라며 마치 당연한 듯 변명을 한다. 좋은 직장에 들어가려면 개인적 능력보다는 명문대 간판과 좋은 학점이 더 중요하기 때문에 부모를 실망시키지 않기 위해 커닝도 불사한다는 것이다. 한국인들 중엔 이처럼 집단에 대한 복종과 충성에 더 높은 가치를 두고 있기에 정직은 뒷전으로 밀려나 있다는 게 그의 생각이었다.

아버지 원 박사도 한국인의 정직성에 대해 비판적이었다. 특히 한국인은 인간관계를 중시하고 그것에 높은 가치를 두기 때문에 여러 가지 부작용이 생긴다고 보았다. 이를테면 한국사회는 인사문제에 능력보다는 임명권자와의 인간관계가 우선시 되는 사회라는 것이다. 그가 한국에서 최대의 비난은 아이러니하게도 '비인간적'이라는 것이다.

그의 아들도 "한국인은 아는 사람과 모르는 사람에 대한 차이가 극명하며 이 때문에 명함 주고 받기가 아주 중요하다."라고 말했다. 또 한국사회에서는 "No."라고 하더라도 정말 불가능한 것이 아니며, 개인적인 친분으로 접근하면 가능해진다는 것이었다.

인간관계를 중시하는 집단주의 문화

원일한 박사는 미국인과 확연하게 구분되는 한국인의 이 같은 특성을 문화가치체계 면에서 접근하면 그런대로 이해할 수 있다고 말했다. 미국은 개인주의인 데 비해, 한국은 외부인에게는 배타적인 반면 내부인끼리는 서로 말이 필요 없을 정도로 커뮤니케이션이 원활히 이루어지는 집단주의 문화의 지배를 받기 때문이라는 것이다.

집단주의 문화를 대표하는 일본에서, 어떤 집단에 소속되어 있는 한 사람의 잘못은 집단 전체의 수치로 여겨지기에 일본을 '수치의 사회'라 칭한다. 일본이나 한국 같은 집단주의 문화권에서는 인간 관계가 주어진 과업이나 일보다 더 중요시되기에, 상호간의 신뢰관계 구축에 많은 투자를 해야 한다. 이 과정에서 선물 제공과 무보수 봉사가 수반되는데 이러한 관행은 개인주의 문화권에서 보면 뇌물로 간주될 수 있다.

원 박사는 한국의 법은 이상적인 상태를 요구하기 때문에 서울대학교조차 교육법이 요구하는 기준에 미치지 못한다고 본다. 반면 미국의 법규는 최소한을 규정하고 최소치를 요구하기 때문에 학교들은 국가가 요구하는 교육기준보다 훨씬 좋은 시설을 갖추고 학생교육에 충실하다는 것이다.

비즈니스에서도 마찬가지다. 미국 사업가가 한국에 와서 사업과 관련해 '기준이 무어냐'고 물으면 '원칙은 이러이러하지만, 실제업무에서는 저러저러하다.'는 대답을 듣게 된다는 것이다. 미국인이 한국인과 잘 지내려면 이런 특성을 비난하기보다는 한국인의 행동을 이해하는 것이 좋다고 그는 충고했다.

가치관이 달라져야 진짜 개혁이다

원 박사 부자가 지적한 우리 사회의 관행을 단지 문화의 차이, 가치관의 차이로 치부하고 답습할 것인가? IMF 이후 우리는 이른바 '글로벌 스탠다드'에 맞게 제도와 관행을 뜯어고치는 데 국가적 노력을 쏟아왔다. 그러나 제도를 움직이는 것은 사람이고 관행을 답습하거나 혁파하는 것 또한 사람이다. 우리들 내면에 자리 잡고 있는 그릇된 가치관을 바로잡지 못한다면 제도와 관행의 개혁은 한낱 대증요법에 지나지 않을 것이다.

이제 우리의 행동을 근본적으로 지배하는 가치관 또한 재정립하려는 노력이 절실하다. 정직이 집단에 대한 충성 못잖게 아니 그 이상으로 중요한 가치관으로 여겨질 때 한국은 '글로벌 스탠다드'에 한층 더 가까이 다가서게 될 것이다.

링컨처럼 정직한 리더를 그리며

링컨이 주의회의원 선거에 출마했을 때, 당에서는 그에게 200달러의 선거자금을 지원해 주었다고 한다. 링컨은 선거가 끝나자 곧바로 199달러 25센트를 편지와 함께 당으로 돌려보냈다.

그는 편지에 "선거 기간 중 나는 말을 타고 다녔으므로 비용이 전혀 들지 않았습니다. 다만 한 노인에게 음료수를 대접하느라 75센트를 지출한 것뿐입니다. 나머지 돈을 반납합니다."라고 썼다. 링컨의 정직성은 당원들을 감동시켰고, 결국 그는 대통령 후보로 추대되기에 이르렀다.

우리 사회에도 링컨 같은 정치인, 링컨 같은 재벌 총수가 나오길 고대하는 마음이 비단 나만의 것은 아닐 터이다.

클라크 총장

효자 아들이 어머니에게 식사 대접을 하겠다고 제의하자, 어머니 대답이 "오랜만에 기내식을 한번 먹어보자."로 되돌아 왔다. 비행기를 타고 여행을 하고 싶다는 말이다. 저가 항공을 탄다면 기내식이 나오지 않을 수도 있다. 어머니가 비행기를 타고 기내식을 먹을 기회가 오길 바란다.

여행은 동서고금을 불구하고 모든 사람들이 바라는 희망사항이다.

성공한 정신과 의사 꾸뻬 씨도 진료실 문을 닫고 전 세계로 여행을 떠날 것이라고 환자들에게 알렸다. “잘 생각했어요. 정신과 의사들은 가끔씩 쉴 필요가 있어요.”라고 어떤 환자는 꾸뻬에게 말했다. 그는 무엇이 사람들을 행복하게 하고 불행하게 만드는지 알기 위해서 여행을 떠난다고 그의 책에서 말하고 있다. 그의 수첩에는 “행복은 때때로 뜻밖에 찾아온다.”라고 적혀 있었다.

지난 6월 아내와 같이 스페인을 주마간산 격으로 주요 관광도시를 돌았다. 어떤 목적이 있어서가 아니라 아내가 가보지 않은 곳으로 가기를 원했기에 정열의 나라이며, 가우디 성당이 있는 나라를 택하여 가 보았다.

이번에는 ‘여행작가 홋카이도 문학기행’이란 이름이 붙어 있었다. 아내는 프로그램이 좋을 터이니 꼭 가보자고 강권했다. 속으로는 좋으면서 사양하는 제스처를 보였다. 출발일 며칠 전, 태풍이 일본열도를 지나간다는 예보와 중부지역에 강풍이 불었다. 작은 비행기가 강풍을 뚫고 3시간 비행을 무사히 할 수 있을까 하는 걱정이 앞섰다. 저녁에 태풍이 소멸된다고 하나 우리 앞 항공편은 모두

연발이었다. 한두 번 심하게 요동쳤지만 첫눈이 내린 삿포로 부근 신치토세 공항에 무사히 안착했다. 눈이 없는 홋카이도를 상상할 수 있을까.

적은 양이지만 눈이 우리를 맞아 주었다. 아침에 호텔 바로 뒤에 위치한 홋카이도 대학 캠퍼스를 일행과 함께 산책 중에 조그마한 기념비와 흉상이 눈길을 끌었다. 바로 그 유명한 경구 "소년들이여! 야망을 가져라"였다. 우리에게는 "Boys, be ambitious!"로 더 잘 알려져 있다. 불과 세 단어지만 잠든 혈관과 두뇌를 확 깨우는 도전적이고 화끈한 문구이다. 확실히 뭔가 의기를 불러일으키는 듯하여 한때 남학생들 책상 앞머리에 붙여 놓은 시절이 있었다. 이 말을 한 윌리엄 스미스 클라크William Smith Clark 박사는 매사추세츠 대학총장으로 재직 시 대학 설립을 도와달라는 홋카이도 도지사의 요청을 받고, 1876년 삿포로 농과대학 초대 부총장으로 농업 지도자를 양성했다. 그가 귀국하면서 제자들에게 훈시한 내용이다.

"소년이여! 야망을 가져라. 금전이나 사욕을 위해서가

아니고, 명성이라 부르는 허망한 것을 위해서도 아니라, 인간으로 마땅히 갖추어야 할 그 모든 것을 이루기 위해 야망을 가져라."

이 경구는 일본이 한창 개화물결에 매진하고 있던 메이지 유신 시절에 나라를 개혁하고자 하는 젊은 청년들의 심장을 울렸다. 평화주의자이며 기독계의 거물 우치무라 간조, 지폐에 초상이 실린 사상가 니토베 이나조 등의 인물이 배출되었다. 또한 그는 쌀이 부족한 일본의 상황을 염두에 두고, 커리소스에 감자와 당근을 넣도록 권유하여 이른바 일본식 카레라이스를 개발, 보급시켰다. 삿포로 도시 설계에도 크게 기여했고 해양대학도 구상하였다. 말하자면 그는 만물박사였다.

그의 어록에 이런 말이 있다. "비전은 곧 믿음이다. 믿고자 하는 미래의 실상이어야 한다. 긍정적인 삶은 미래가 있지만 부정적인 삶은 미래가 없다. 될 수 있다고 하는 생각은 되지만, 안 된다는 생각은 결코 성공할 수 없다." 당시 클라크 박사의 촌철살인적인 경구는 일본 청년들에게 용기를 불러일으키기에 충분했다.

나는 클라크 박사의 어록을 높이 평가하면서 한국의 한 교육자를 떠올린다. 고등학교 시절 교장 선생님이었던 분이다. '두꺼비'라는 별명처럼 뚝심 센 추진력과 조회 시 명훈시로 유명하였다. 그의 말씀은 언제나 짧고 핵심이 있고 단호하였다. "네가 날 때는 너만 울고 모든 사람이 기뻐하였으나 네가 죽을 때는 너만 울지 아니 하고 만민이 울며 슬퍼하는 사람이 되라."는 철학적 명언을 남겼다.

나는 일본에서 클라크 경구와 한국에서의 한 교장 선생님의 훈시를 동일한 무게로 받아들인다. 나는 한마디 말이 청년들을 교육시킨다고 믿는다.

문학기행에 충실하여야 할 이번 여행이 엉뚱하게 흐른 감이 있다. "아는 대로 본다."는 말이 맞다.

태영호 증언

삼 년 전, 태영호가 가족을 데리고 런던에서 망명을 했을 때 우리는 또 북한의 한 외교관이 만세를 불렀구나 생각했다. 태 공사는 다른 탈북자들과 달리 남쪽의 생활에 적응이 빨랐고 북한의 실상을 알리는 데 적극적이었다. 그에게 공직이 주어져 그는 여기저기 분주히 다녔다.

우연히 '통일과 나눔'의 안병훈 이사장을 만났다. 안 이사장은 "우리 재단과 제가 무엇을 도와드리는 것이 좋겠습니까?" 하고 다가왔다. "남북한의 현실을 서로에게 정확히 알리는 일을 한다면 통일에 도움이 될 것입니다." 북한의 실체를 낱낱이 드러낼 수 있는 책을 써 보라고 권유했다. 나이 오십대 중반에 불과했고 무슨 거창한 업적을 이룬 것도 아닌데 자서전이든 회고록이든 쓸 수 없다고 망설이는 그에게 안 이사장은 용기를 주었다.

《태영호 증언 3층 서기실의 암호》란 책이 나왔다.

친구들과 점심을 하면서 P 공사로부터 책 소개를 재미있게 들었다. P 공사는 과거에 런던 한국대사관에서 정보를 담당했다. 이 책에 등장하는 인물과 지명이 낯익어 눈에 선하다며 눈시울까지 붉혔다. 당장 구입하여 읽고 싶은 충동이 생겼다. 출판계약은 알 수 없으나 인세 수입은 10%가 관행이라고 한다. 만일 100만 부가 나간다면 태 공사는 백만장자가 되어 북한에서는 꿈도 못 꾸는 사태가 벌어질 게다. 벌써 약 오십만 부 팔렸다고 한다. "역시 자본주의가 최고야…. 경쟁력만 있다면." 차를 마시지도 않고 서점으로 달렸다. 혹시나 절품되면 어쩌나 싶었다. 책을 캐시어 카운터 뒤에 쌓아두고 한 권씩 내어 주었다.

내가 이 책에 대해 유별나게 관심을 갖고 약간의 흥분

상태인 것은 평소 진솔한 P 공사의 독후감에 감동되었고, 또 국제사회로 나오려는 북한의 대외정책을 판단하는 자료로 사용될 수 있다고 보았기 때문이다.

태 공사는 원래 책 출간을 삼월 초로 잡고 계획했다. 그러나 삼월부터 남북관계가 해빙무드로 들어서고 정상회담으로 이어졌다. 필자는 이 책이 정상회담 성사에 찬물을 끼얹을 수 있다고 판단하여 정상회담 뒤로 미루기로 했다. 5월에 출간되었다. 실은 북미정상회담 전후에 책이 많이 읽혔다고 짐작이 간다. 북한을 다방면으로 알고자 하는 욕구가 남한 사회에 갑자기 생겼다고나 할까.

김정은은 단연 정상들 중에 돋보였고 뉴스를 독차지했다. 어느 나라 정상이 이렇게 각광을 받을 수 있을까? 34세의 젊은 독재자가 비핵화 협상 과정에서 '평화의 사도'로 변신하고 있다. 악마가 아닌 사람을 악마로 묘사하는 것도 잘못된 일이지만 악마를 천사로 묘사하는 것도 역시 잘못된 표현이다.

한국 언론의 영향력이다. 이 책에서 표출된 북한사회의

특징을 태 공사의 눈으로 살펴본다.

북한 사회를 유지하는 핵심은 '생활총회'다. 당원 앞에 나가 자기비판을 한다. 자기검열과 상호검열을 통해 체제에 순응하는 인간형을 만들어낸다. 상호비판을 당성을 과시하는 기회로 삼는다.

또 다른 체제유지 수단은 처형과 숙청이다. 장성택 일당을 처형한 것을 비롯하여 소리소문 없이 처형되고 지방으로 숙청되는 경우가 허다하다. 1995년 들어서면서 경제 사정이 급격히 악화되기 시작했다. 평양시 배급소에서 쌀이 나오지 않는 경우가 많았고, 주로 국수 한 그릇으로 하루 끼니를 때웠다. 나머지는 다 벤또(도시락)를 싸왔다. '벤또'라는 낱말은 일제 잔재로 북한 사람들은 스스럼없이 사용하고 있다. 벤또라는 말이 도시락보다 입에서 빨리 나오니까 별 도리 없다. 덴마크 정부는 세계식량계획을 통해 100만 달러 분량의 식량을 북한에 제공하기로 결정하자 런던 주재 북한대사와 태영호는 눈물을 흘렸다. 북한에선 큰 재산처럼 여기는 자전거를 덴마크 시내에서는 무료로 빌려주고 있었다. 빈익빈 부익부의 상징인 자본주의는 존재하지 않았다. 담배 밀수사건, 밀수를 위한 위조 여권 사건 등이 고난의 행군외교 시절에 노출된 현상이었다.

주체사상의 창시자 황장엽 탈북사건을 "남조선 납치"로 주장하다, "비겁한 자여, 갈 테면 가라. 우리는 붉은 기를 지키리라."로 물러선 것도 의미가 있다. 북한 사회의 거물이 탈북하는 현실을 막을 도리가 없었다.

1997년 대통령 선거에서 김대중 후보가 당선됐다. 햇빛정책, 즉 포용정책을 표방했으며 그동안 김대중 선생을 북한의 편으로 선전해 왔다. 각 공관에 내린 지시는 햇빛정책을 비난하라는 것이다. 누가 누구를 포용한다는 것이냐, 결국 흡수통일정책이 아니냐는 논리로 반대했다.

태 공사는 이 책을 통해 지성인이고 애국자이며 능력있는 외교관임을 만천하에 공포했다. 30년 동안 북한의 외교관으로 활동하면서 보고 느낀 것을 나름대로 정리하여 한 권의 두툼한 기록물을 내놓았다. 한 외교관의 시각으로 본 북한사회의 진면모라고 평가하고 싶다.

"말 타면 종 부리고 싶다."는 속담이 있다. 한 가지를 이루면 더 큰 욕심을 갖게 된다는 뜻이다. 망명에 성공한 태 공사는 아들에 대한 욕심이 생겼다. 영국에서 애들을 공부시킬 기회를 갖게 되니 아버지의 망명 거사가 일거양득의 효과를 냈다. 아버지는 아들들에게 자유를 주고 싶다고 털어놓은 적이 있다.

자유는 애들에게 좀 편하게 살아가는 길을 열어주는 것을 의미한다. 북한에서 호흡하지 못한 자유 분위기 속에서 사는 것이다. 대한민국은 자유와 인권, 그리고 민주주의와 경제적 번영을 전 세계에 자랑할 만한 나라로 인식되고 있다.

태영호, 그는 과연 누구인가?

틀니의 추억

나는 요즈음 이가 오복 중의 하나임을 실감한다. 타고 날 때부터 이 복이 없어서인지 아니면 치아관리를 소홀히 해서인지 나는 튼튼한 이를 갖지 못했다. 또한 잇몸도 자주 부어 몸에서 경고 신호를 받는다. 신통치 못한 이를 갖고 있기에 나는 치과 출입이 잦았다.

사무실 부근 치과를 들락거린 지가 근 삼십 년이 넘은 것 같다. 단골 치과는 나의 이에 관한 한 전부를 다 알고 있고 관리를 잘해 주고 있다.

이 단골 치과에서는 기본적으로 이를 뽑지 않는다는

원칙을 갖고 있는 것 같아 마음이 놓인다. 그래서 관리 부실에 비해 틀니나 임플란트이가 적은 편이다.

해외 발령이 나서 출국 준비 중에 단골 치과에 들르는 것도 출국 준비 중 하나였다. 의사는 아랫잇몸 속에 사랑니가 누워있어 조금씩 자라면서 어금니 뿌리를 치게 될 것이라는 진단을 내렸다. 몇 년 후에 있을 일이지만 사랑니가 어금니를 흔들어 놓게 되니 사랑니 제거 수술을 받아야 된다는 것이다. 몇 년 후 일이니까 그 때 가서 생각하기로 하고 임지로 떠났다.

아니나 다를까, 일 년 조금 지나 어금니가 흔들리기 시작했다. 그동안 사랑니가 자라 어금니 뿌리에 도달했다는 것인가. 하루 입원하고 사랑니 제거 수술을 받았다. 음식물을 씹는 데 중심이 되는 어금니를 빼야만 했다. 한 주일이 지났을 무렵 잇몸에서 까실까실한 이물질이 느껴졌다.

뼈 같은데 이것도 사랑니처럼 자라면 마치 드라큘라의 이빨처럼 되지 않을까 갑자기 두려워졌다. 급한 환자라고 우겨대어서 수술한 의사에게 보여 줄 수가 있었다.

그는 "이런 현상은 잘 낫고 있다는 표시"라면서 핀센트로 그 뼈 조각을 뽑아 냈다.

알고 보니 사랑니가 누워 있어서 가는 톱으로 잘라 내는 과정에서 부스러기 뼈가 잇몸 속에 남아 있다가 잇몸 밖으로 밀려나왔기 때문이라는 것이다.

잘생긴 치과의사는 귀중한 물품을 보관하는 금고에서 꺼낸 조그만한 케이스를 나에게 건네면서 "나의 선물이니 받아주시오."라고 한다. 열어 보니 나의 금이빨이었다. 한국에선 잘 볼 수 없는 장면이다. 이 금이빨을 기념으로 간직하고 싶었는데 어떻게 했는지 없어졌다.

사랑니는 잘 제거됐으나 어금니는 새로 만들어야 했다. 비싼 이빨 값 때문에 런던에서는 못 하고 귀국하게 됐다.

이 치과에서는 임플란트를 하자고 해서 그렇게 하기로 했다. 뼈가 연골이어서 심을 수가 없다는 것이다. 그때만 해도 연골에 임플란트를 심는 기술이 지금처럼 발달되지 못했는지 결국 임플란트는 할 수 없다는 결론이 나고 대신 틀니를 만들었다.

그렇게 해서 내가 갖게 된 하나의 틀니는 내 신체의 일부가 되었다. 틀니를 깨끗하게 관리하기 위해 하루 한두 번은 뽑아 청소를 해야 한다. 잘 때는 뽑아 두었다가 아침에 다시 끼운다.

이렇게 하다 보니 목욕탕에서 틀니를 뽑아 청소를 하는 버릇이 생겼다. 등산 모임이나 골프 라운딩 후 목욕탕에 들르는 것은 필수이다. 목욕탕에 이빨을 두고 나온 적이 한두 번이 아니다. 이 때마다 탕 관리 직원이 찾아 보관하고 있거나 내가 직접 찾아오기도 했다.

틀니는 이렇게 근 10여 년 동안 위를 수술한 나에게 음식물을 잘도 처리해 주었다. 고맙기도 한 질긴 인연이었다.

대모산 등산팀 4명이 동경에 사는 친구 H 씨의 초청으로 3박 4일 동경에 갔다. 호텔에서 묵으면서 동경 시내를 왔다갔다하는 일은 무의미했다. 저녁 식사 시간에 일본의 정치, 일본에서 보는 북한 문제, 일본의 개화기 역사 등을 친구로부터 듣는 일은 '일본 공부'에 크게 유익했다. 지루하지 않고 즐겁게 보낼 수 있는 일정을 짜기란 쉬운 일이 아니다.

동경 근교의 휴양지 아다미熱海에서 일박 하고 동경으로 돌아오는 스케줄이 포함되어 있었다. 열차로 오후에 아다미역에 도착하여 여관에서 보내준 버스로 바다가 내려다보이는 여관에 여장을 풀었다. 바닷바람을 마시면서 하는 노천 온천 목욕은 피로를 말끔히 씻어주었다. 다다미방에서 먹는 저녁 식사는 일본 맛 그대로였다. 이 고장에서 많이 잡힌다는 아지구이는 일품이었다.

우리 일행은 아침 7시경에 또 한 번의 온천욕을 즐겼다.

오후 동경으로 돌아오는 신칸센 열차에서 우리는 여행 중에 잃어버리기 쉬운 것으로 지갑, 여권을 꼽으며 조심해야 한다는 이야기를 나누었다. 한 친구가 틀니도 호텔에 두고 올 수 있다는 지적에, 내 혀가 틀니 쪽으로 움직이면서 "아차, 내 틀니." 하면서 탄식이 나왔다. 여관 목욕탕에 두고 온 것이다. 그래도 나는 침착하게 우리의 안내자에게 다른 친구가 눈치 채지 못하게 살짝 여관에 연락해 달라고 부탁을 했다

친구는 열차 안에서 전화를 하지 않고 동경에 가서 하겠다는 것이다. 시간이 많이 흘렀기에 찾을 확률이 적다는 투였다. 그러나 나는 찾을 수 있다고 확신했다.

이곳이 어딘가. 정직하고 정확하기로 이름난 일본, 그중에서 휴양도시 아다미 여관 온천탕에 두고 왔는데 찾지 못하다니 말이 되는가. 여관 측 대답은 찾으면 연락을 하고 연락이 가지 못 하면 찾지 못한 것으로 알아달라는 것이었다. 이튿날까지도 연락이 없었다. 그 남탕이 아침 11시부터는 여탕으로 바뀌는 통에 청소부가 물 호스로 모두 씻어 내려 버렸으니 양치질하는 곳인들 남아날 수 있겠는가라는 우리 일행의 추측이다.

오호! 통재라. 나의 신체 일부가 영원히 사라졌다니! 한국에서는 그렇게도 잘 관리해 왔는데 일본 땅에 와서 온천탕에 수장시키다니, 정말 안타까웠다.

누구의 탓도 아닌 자신의 부주의에서 비롯된 것인데도 아다미 여관이 원망스러웠다. 의사는 틀니를 다시 만들려면 앞에 크라운한 이빨도 맞추어야 한다면서 새 틀니는 목욕탕에서 뽑지 말라고 주의를 주었다.

몇 년 전과 달리 건망증 증세도 한몫하고 있는 것은 아닌지? 그놈의 틀니는 수명이 다한 것이라고 생각해야 속이 편할 것 같다.

친구 H씨가 올봄에 지병으로 하늘나라로 먼저 가버렸다. 잃어버린 틀니를 두고 화제 삼을 친구가 이 땅에서 사라졌다. 보고 싶다, 친구야!

하루의 일과

언제부터인가 할 일이 없는 날들이 생겼다. 다이어리를 몇 번씩 뒤적여 보아도 일정이 없다. 얼마 전까지만 해도 포켓 캘린더에 일정들이 빼곡히 적혀 있었다. 사람을 만나거나 모임에 참석한다거나 아니면 식사 약속으로 시간이 잘 갔다.

내 생활에 달라진 것이 없는데 하루가 적막강산처럼 변하기 시작하는 것일까? 좋은 면으로 생각한다면 과거처럼 분주하게 쏘다니는 자체가 부질없는 짓으로 볼 수 있다. 사실 영양가도 없는 빈 쭉지 같은 모양도 많다.

어느 친구의 넋두리가 생각난다. 그 친구의 이야기로는 “얼마간의 노후자금을 주식 시장에서 만지작거리다가 반타작 꼴이 났다.”고 푸념을 했다.

“왜 주식 거래를 했는가.”라는 질문에 “백수가 시간 보내기에 주식이 제일이기 때문”이라고 했다. 시간 보내기에 많은 돈을 투자해야 했다. 하릴없이 시간을 보내기란 여간 고통스러운 일이 아니다.

오늘 ‘KBS아침 마당’에 게스트로 나온 연극배우 윤석화 씨는 “얼굴 피부색이 어쩌면 그렇게 밝고 고운지 그 비결이 있는가”라는 질문에 ‘배우, 연출자, 제작자’ 등 1인 3역으로 바쁘게 지내는 일이라고 답했다. 누가 자기 자신을 바쁘게 만드는가? 자기 자신이다.

의미있고 유익한 일이든지 그렇지 않고 무의미하고 유해한 일이든지 간에 일을 한다는 것은 나름대로 뜻이 있다. 집안청소, 설거지, 세탁 등 집안일과 구민회관의 각종 프로그램 참여, 피트니스 클럽 가입, 교회를 통한 봉사활동 등 집 밖의 일로 나눌 수 있다. 집안일이든, 집밖일이든 일에는 반드시 목표가 있어야 한다. 특히 공부는 성취목표를 정해야 한다. 그런데 대부분의 성인들은 일에 파묻혀 일에서 헤어나지 못한다.

아무 일이 없는 오늘, 나의 하루를 본다. 아내가 약대 동문들과 함께 남쪽지방으로 여행을 떠나고 없는 새벽이다.

나는 5시 반 컴퓨터를 켜고 소망교회 담임목사의 인터넷 성경공부를 했다. 이어 바로 화요조찬 성경공부에도 참석했다. 《성 어거스틴의 고백록》을 화요일마다 한 장씩 요약해서 공부를 한다. 오늘은 '어거스틴의 지적 회심'을 공부했는데 사전에 읽지 않고 왔기에 전체를 이해하는 데 어려움이 있었다. 교우들과 같이 아욱국으로 조찬을 하고 선교관 밖으로 나왔다.

찹찹한 아침 공기가 와이셔츠로 스며들면서 띵하던 머리가 시원하게 맑아졌다. 무겁던 머리가 가벼워지면서 "와, 좋다!"는 탄성이 절로 나왔다. 성인의 고백록은 분명 어둡고 무거운 주제이다. 주제가 무겁다고 해서 환희의 탄성이 나오지 말란 법은 없다.

나는 선교관 앞에서 탄성을 질렀다. 나는 오후 4시 반에 있을 몸살리기 운동을 마치고 지하철을 타러 가는 그 짧은 거리에서도 같은 상쾌함을 느낄 것이다. 오늘도 예외가 아닐 것이다. 또 있다. 피트니스 클럽에서 아침운동을 마치고 열탕과 냉탕의 시원한 맛은 온몸의 세포를 춤추게 한다.

점심은 아내가 딸에게 부탁하여 해결하도록 조치해 두었다. 딸은 맛있는 햄버거를 준비하여 오랜만에 나와 함께 점심 식사를 하였다. 화제는 주로 손주의 수능 시험에 초점이 맞추어졌다. 수시 모집에는 실패했으나 수능으로 대학생이 될 수 있다고 엄마는 자신을 보였다. 우리 집안의 기둥이기도 한 큰손주가 대학다운 대학에 입학하기를 바랄뿐이다.

이제 마지막 일정인 몸살리기 운동을 6시에 마치면 아무도 없는 보금자리로 돌아간다. 수첩에 아무것도 없어 허전했으나 나는 오늘 하루도 보람있는 일정을 만들어 가면서 소화했다.

마치 꽉 찬 일정을 무사히 마친 후 찾아온 성취감에 도취된 듯 막걸리 한잔을 마시지 않을 수 없었다.

행복한 금요일

매주 금요일 오전 열시 반, 과천 전철역 부근 조그마한 카페에서 모인다. 도착 순서대로 커피를 마시면서 마지막 아홉 번째 등산객이 올 때까지 기다린다. 다들 일찍 오기에 이삼십 분은 기다린다. 이름하여 대모산 등산팀이다. 이 팀이 십 년 이상 대모산(293m)을 올랐기에 붙은 이름이다. 지금은 과천 대공원 외곽을 돌면서 이 이름으로 불리는 데는 사연이 있다. 창설 회원인 M 씨가 건강상 이유로 산을 오르지 못하게 되어 집 부근인 과천 대공원으로 옮겼기 때문이다.

한 사람의 편의를 위해 전 회원이 불편을 감수하는 정신이 이 모임의 특색이라고 말할 수 있다. 등산이 아니라 만보 걷기운동으로 형태가 바뀌게 됐다.

이제 팔십 중반을 바라보는 나이에 신체에 무리한 운동은 금물이다. 이러한 신체적 제약이 산이 아닌 대로를 선호하게 됐다. 거역할 수 없는 세월의 추이에 대공원 외곽 길은 우리에게 안성맞춤이다.

대모산 등산 역사는 이십 년 전으로 거슬러 올라간다. 고등학교 동기생 두세 명으로 출발했다. 뒤에 더 모여 지금은 아홉 명 중 한 명이 타교 출신이다. 대모산 정상을 오르는 데는 두 갈래 길이 있다. 수서역 방향에서 올라오는 코스와 개포동 코스로 집의 위치에 따라 정해진다. 두 팀이 서로 정상에서 상봉하는 장면은 지금도 눈에 선하다. 땀에 젖은 러닝을 외진 곳을 찾아 새 옷으로 갈아입는 일은 다반사였다. 그 기분은 어디에서도 느껴보지 못했다. 이 운동 후 쾌감은 살맛나게 한다. 나는 등산 예찬론자도 아니고 마니아도 아니다. 멀리 가거나 며칠씩 가는 등산을 해 본 적이 없다. 그러나 등산을 좋아한다. 나의 건강에 맞는 걷기 겸 등산을 즐긴다고나 할까. 반나절 시간이 날 경우 나는 아내와 함께 남산을 찾는다. 바닥이 우레탄으로 깔려 걷기가 편하고 안전하다. 우리 집에서 매봉산을 거쳐 국립극장으로 가면 두 시간 반이면 충분하다. 언젠가 대모산 팀에서 벚꽃이 만개한 4월 초에 남산을 찾은 적이 있다.

남산은 역시 아름다운 명산이다. 남산 가까운 곳에 사는 것은 행운이다.

정해진 코스를 걷고 오후 한 시에 예약된 장소 채선당으로 가는 길 또한 기대된다. 두 시간 반 동안 걸어온 상태에 늦은 점심시간이니 어떤 음식이든지 맛이 있게 되어 있다. 항상 헌신적인 M 씨가 미리 준비한 과일주 샹그리아를 사람 수대로 와인 잔에 부어놓고 기다리고 있다. 핑크색의 아이스 포도주는 마시고 싶은 충동을 불러일으킨다. 이 포도주 맛보다 연한 핑크 색깔이 우리를 유혹한다. 상도, 하도를 구별하지 않고 첫 잔은 다 같이 마신다. 첫

잔을 마시는 모습은 마치 종교적 성찬 행위로 보이기도 한다. 성스럽기까지 우리는 공감한다. 행복한 순간이다.

이 모임은 엄격한 규율을 지니고 있다. 마지막 금요일에 불참하면 벌금을 내야 한다. 해외여행 같은 불가피한 불참이라도 무조건 내야 한다. 그만큼 이날 금요일 걷기가 최우선임을 회원들에게 각인시킨다. 회원들 간에 주고받는 말과 말이 외부로 확산되는 경우는 거의 없다. 누가 시키지 않는데도 말의 유출이 금기시 되어 있다. 매달 마지막 금요일에는 그달의 생일잔치를 한다. 어느 달에 생일이 몰려있으면 조정하여 한 달에 한 번씩 한다. 어느 집의 생일잔치가 이보다 더 축복을 받을 수 있겠는가. 각자의 가슴속에서 울려 퍼지는 축하 송은 그 달의 생일 해당자를 감동시키기에 충분하다. 연말 파티는 넥타이에 정장 차림으로 참석하여 격식을 갖춘다. 이 외에도 금년 초에 비엔나 신년음악회를 동시중계로 듣기도 했다. 문화 교양을 넓히는 시도라고 볼 수 있다.

등산과 걷기는 인생과 닮은 꼴이다. '정상'이라는 목표를 향해 한발 한발 나아가는 과정이라는 점에서 그렇고, 동료의 보폭과 속도가 아니라 '내 걸음'으로 걸어야 목표에 도달할 수 있다는 점에서도 그렇다. 또한 여럿이 출발해도 결국은 혼자 가야 할 길이라는 점에서 인생과 다르지 않다. 와사보생臥死步生이란 경구를 지키면 최소한의 건강을 유지할 것이다. 행복한 발걸음이 계속 이어지기를 바라면서 금요일을 기다린다. 현대 위대한 조각가 알베르토 자코메티의 걸작품 〈걸어가는 사람〉이 석고 원본 형태로 공개되었다. 그가 남긴 메시지를 옮겨본다.

"마침내 나는 일어섰다. 그리고 한 발을 내디디며 걷는다. 어디로 가야 하는지 그리고 그 끝이 어딘지 알 수는 없지만, 그러나 나는 걷는다. 그렇다. 나는 걸어야만 한다".

5부

라스베이거스를 꿈꾸며

세계적인 도박의 도시 라스베이거스를 '도박공화국'이라고 부르는 이는 없다. 지금 시골 읍내까지 파고든 바다이야기와 성인PC 노름방으로 얼룩진 대한민국은 도박공화국이라 불린다. 문제는 도박에 빠진 사람들이 중산층이나 부유층이 아닌, 월수입 200만 원 이하의 저소득층 서민들이 대부분이라는 데 심각성이 있다. 일확천금을 꿈꾸는 서민층의 사행 심리를 노리는 "게임이라는 이름의 도박"이기 때문이다.

힘들게 살아가는 서민층의 사행 심리를 자극해 그들의

호주머니를 탐내는 사업을 정부가 "첨단 게임산업을 육성한다."라는 명분 아래 정책적으로 지원한 데서부터 도박공화국은 출범했다.

스탠포드 대학이 조사한 미국인의 가치관 연구YALS에 따르면 실업자 및 홈리스homeless들이 복권과 도박의 주요 고객이라는 것이다.

이번 여름 우연히 라스베이거스를 찾았다. 쓸모 없이 내던져진 사막 라스베이거스는 매우 유용한 기회의 땅처럼 보였다. 도박이라는 비정함과 무질서, 그리고 요행과 폭력이 판치는 도시는 분명 아니었다. 라스베이거스처럼 질서와 치안이 안전한 도시도 찾기 어렵다. 이러한 안정된 서비스 환경으로 관광객들은 마음놓고 편하게 게임을 즐길 수 있는 것이다.

이제 라스베이거스는 환락과 카지노의 도시에서 휴양지의 도시, 가족 리조트형 도시로 완전히 변모해 가고 있었다. 호텔들은 다양한 볼거리로 관광객을 유치하고 있다.

야회복과 턱시도로 정장한 선남선녀들이 파티장 앞에

서 길게 줄을 서 차례를 기다리는 광경은 이곳의 라이프 스타일을 잘 보여준다. 가족, 연인, 친구들과 함께 즐길 수 있는 '문화의 도시' 변신에 성공한 셈이다.

라스베이거스 도박장의 수많은 사람들은 "돈을 꼭 따야 한다."는 각오로 가게 앞에 앉아 있지는 않다. 주말이나 휴가를 이용해 이곳에 들러 얼마간의 돈을 "재미로 잃고" 가는 것이 당연하다. 이들은 일상의 스트레스에서 완전히 벗어나 걱정과 시름을 잠시나마 잊기 위해 이곳을 찾는다. "누구나 행운을 잡을 수 있다."는 소박한 기대감에 부푼 사람들은 하나같이 행복해 보였다.

전국 구석구석까지 파고든 바다 이야기가 바다 한복판 외딴섬에 위치했더라면 지금처럼 대한민국을 도박공화국으로 만들지 못했을 것이다.

가을공연

귀를 뚫는 일은 쉬운 일이 아니다. 원래 음치인데다 음악에 둔감한지라 내게는 더욱 어려운 일이다. 그런데 몇 년 전 음악 초보자라면 누구든지 쉽게 들을 수 있는 피아노 곡을 소개받았다. 이 곡으로 귀가 서서히 열리기 시작해 지금은 차 안에서 안네 소피 무터의 모차르트 바이올린 곡을 비롯한 다양한 곡을 즐겨 듣게 됐다. 유키 구라모토의 피아노CD는 차에서 반복해서 들어서인지 TV 일일 연속극의 배경음악으로 나올 때는 반갑기도 했다.

우리나라 공연문화는 최근 급성장하고 있다. 티켓 예

매처에 전화를 하면 "모든 상담원이 통화 중이니 기다려 주십시오."라는 멘트를 항상 듣게 된다. 처음에는 상술이 아닌가 의심도 했으나 실제로 티켓 구매자와 문의가 줄을 서 있다고 한다.

문화 향유층의 저변 확대는 의미 있는 일이 아닐 수 없다. 프랑스 바이올리니스트 소피 무터나 일본 피아니스트 유키 구라모토 연주회의 경우 청소년에서부터 중년층까지 남녀 구분 없이 다양한 계층이 객석을 완전히 메우고 있었다.

뮤지컬도 자리를 잡아가고 있는 듯하다. 세계적으로 성공한 뮤지컬이 우리나라에서도 바로 공연되며 독창적인 창작 뮤지컬도 다양하게 시도되고 있다. 이제 뮤지컬 시장만 1,000억 원 규모라고 하니, 가히 경제 강국에 어울리는 수준이다. 런던 피카드리 극장가에서 몇 년씩 계속되는 뮤지컬들은 영국 국민만을 상대로 하는 공연이 아니다. 미국을 비롯한 전세계 각지에서 관광객과 애호가들을 끌어오는 영국의 주요 관광상품 중 하나로 자리잡고 있으며 영국 문화산업에서도 큰 비중을 차지하고 있다.

우리나라에서도 공연사업이 영화사업처럼 뿌리를 내리려면 서민층을 공연장으로 끌어들여야 한다. 이를 위해서는 우선 관람료를 대폭 인하해야 한다. 현재 10만 원선인 관람료를 절반 정도로 인하시키면 젊은층을 끌어들일 수 있을 것이고, 일 년에 한 번 공연장 찾기가 어려운 서민층에게도 관람의 기회를 줄 수 있을 것이다.

든든한 공연 후원자를 찾는 일도 중요하다. 이탈리안 메디치 가문이 없었더라면 피렌체를 중심으로 활활 타오르던 르네상스가 과연 있을 수 있었을까. 위대한 예술작품 뒤에는 든든한 후원자가 숨어 있다는 사실을 우리는 알고 있다. 많은 후원자들이 나타나 이 나라의 문예부흥을 이룩할 날을 학수고대한다.

칸의 영상물 견본시 풍경

프랑스 칸에서 열리는 국제방송영상물견본시는 매년 10월 중순에 막을 올린다.

'밉컴MIPCOM'이라고 불리는 이 행사는 오디오비주얼 콘텐츠의 세계적 시장을 말한다.

올해도 "미디어 재구성-디지털 기회의 로드맵"을 주제로 세계 93개국 4,250개 방송 관계 업체를 대표해 1만 2,500여 명이 전시장 '팔레 드 페스티벌'로 몰려들었다.

바닷가 임시 가건물 같은 나지막한 전시장에 몰려온 프로그램 바이어들은 좋은 콘텐트를 사고팔기 위해 혈안

이 돼 있었다.

방송 프로그램의 수요와 공급을 원활히 하기 위해서는 MIPCOM 같은 행사가 반드시 필요하기 때문이다.

대회장 입구에 걸린 3개의 입간판 중 하나가 KBS 드라마 〈황진이〉였다. 우리나라는 지상파TV, 케이블 PP사, 프로덕션 배급사, 방송위원회를 비롯한 진흥기관 등 96개사에서 271명이 참가해 한국 프로그램의 우수성을 알리는 데 최선을 다하고 있었다.

거래는 이 자리에서 이뤄지는 것이 아니고, 이미 제작됐거나 앞으로 제작될 프로그램에 관한 정보를 서로 교환해 몇 개월 후 사고파는 방식으로 진행된다.

세계 최대의 견본시인 MIPCOM에서 우리나라 방송위원회는 지난해부터 모바일TV 콘텐츠 특별상 신설에 공헌하며 운영에도 주도적인 역할을 하고 있다.

34개국 170개 제작사가 제작한 모바일용 작품들은 모두가 실험적이고 도전적이어서 앞으로 이 분야가 획기적으로 발전할 것으로 보였다.

콘텐츠 산업의 새로운 비즈니스로 떠오를 이 분야를 통해 우리나라는 앞선 기술력과 함께 시장 선점 효과도 기대할 수 있을 수 있을 것으로 기대됐다.

한편, 매년 선정하는 '올해의 밉컴 인물'로 미국의 타임-워너사 회장인 딕 파슨스가 뽑혔다. 변호사, 행정가였던 파슨스 회장은 "이 시대 TV 산업의 대표적 인물로 '테드 터너'와 '루퍼트 머독'을 지칭하면서 앞으로 젊은 사람들 가운데 이들보다 더욱 훌륭한 인물들이 나올 것을 확신한다."고 올해의 인물 선정 소감을 밝혔다. 파슨스 회장의 말과 같이 이번 MIPCOM은 영상산업에서 콘텐츠가 가장 중요한 핵심이라는 사실을 다시 한 번 확인하는 자리였다.

광고와 어린이

면도기 제조회사 '질레트'사가 어린이공원 앞에 면도기 광고판을 설치해 광고를 한 적이 있다. 어린 소년들이 자라 성인이 되면 질레트 면도기를 사용하게 될 것이라는 기대에서도. 점령당하지 않은 깨끗한 머릿속에 질레트 브랜드를 먼저 자리잡게 해 미래의 고객을 확보하겠다는 전략이다.

성인을 상대하는 마케팅이 한계에 달한 만큼 어린이를 겨냥한 광고는 계속 늘고 있다. 미국 어린이 채널 '니켈로디언Nickelodeon'의 한 마케팅 간부는 자사의 주요 광고주가 자동차 회사라고 밝혔다. 이유인즉, 한 가정에서 두 대의 차를 가질 경우 두 번째 자동차는 대개 스포츠 유틸리티 차량SUV을 구매하는데 이러한 종류의 차 구매에 있어서 어린이의 의견이 결정적이라는 것이다.

국내 이동통신사들도 10대 청소년의 파급효과를 인식하고 치열한 광고 캠페인을 벌이고 있다. 몇 년 전 SK텔레콤의 TTL, KT의 Bigi LGUplus의 홀맨과 같은 광고 캠페인은 청소년들의 라이프 스타일과 다양한 제품 욕구에 부합하는 감각적인 메시지로 10대를 사로잡았다. 휴대폰을 비롯해 식음료, 장난감, 게임기, 컴퓨터, 학습지, 문구류 등 수많은 기업들이 청소년층을 목표 소비자로 광고를 만들고 있다.

필자는 몇 년 전, 암스테르담에서 새끼 사자 한 마리가 나타나 재롱을 부리다가 사라지면서 광고가 시작하는 장면을 목격한 적이 있다. 어린이는 광고와 프로그램을 구분하지 못하기 때문에 '로키Locki'라는 캐릭터를 등장시켜 광고의 시작을 알리는 것이다. 현재 네덜란드 어린이들은

'로키'를 좋아해서 실제 프로그램보다 광고를 더욱 많이 시청한다고 한다.

발달심리학자들의 말에 따르면 어린이가 10세쯤 되면 기본적인 가치체계를 갖추고 '좋다' '나쁘다'를 구별할 수 있다고 한다. 따라서 대부분 남미 국가에서는 TV프로그램과 방송광고가 어린이 교육의 주요 수단으로 이용되고 있다. 어린이는 TV를 통해 세상을 배우는 만큼 방송광고가 어린이 광고를 전면 금지하고 이유도 어린이에게 미치는 상업 광고의 악영향 때문이다.

유럽에서는 "미성년자의 미숙함 혹은 순진함을 이용해 제품이나 서비스를 구매하도록 그들을 선동해서는 안 된다."는 유럽 강령이 잘 지켜지고 있다. 이윤추구에 눈먼 기업들이 어린이를 종신고객으로 만들기 위한 갖가지 마케팅 기법을 펼칠 때 누가 이들을 보호해야 할지 곰곰이 생각해야 할 것이다.

TV 단상

1936년 영국의 BBC에서 TV가 첫 방송을 시작한 이래 70년이 지났을 뿐이지만 TV와 관련된 기술과 문화는 우리 생활에 엄청난 변화를 몰고 있다. 우리나라에 있어서 첫 방송은 지난 56년의 일이다. 컬러TV가 등장한 것도 80년에야 가능했으니 지금부터 불과 26년 전의 일이다.

이 대목에서 재밌는 역사적 사실이 하나 있다. 컬러TV를 우리 기술로 제작하기 시작한 것은 1977년이다. 그러나 당시 컬러TV는 온전히 미국 수출용이었지, 국내에서는 판매가 금지됐다고 한다. 이유는 지방과의 격차를 고

려해서다. 따라서 국내에서 컬러TV가 생산됐지만 국민이 컬러로 방송을 보기 시작한 것은 80년, 3년이나 지난 후에 가능한 일이었다. 정책적으로 TV가 차지하는 문화적 파급력과 계층간의 갈등을 그만큼 파괴력 있게 봤다는 것을 보여주는 반증이다.

컬러TV가 생겨나면서 우리 국민들은 보이지 않은 많은 변화를 겪었다는 것이 전문가들의 얘기다. 방송국에서도 처음으로 색에 대한 표준화 작업을 진행했고 국민이 선호하는 색과 혐오하는 색감에 대한 연구도 비로소 이때부터 이뤄지기 시작했다고 한다. 색에 대한 이야기가 나와서 말이지만 지금 중년층 이상 된 사람들은 초등학교 교과서에 신호등의 3색이 파랑색과, 빨강색, 노란색이라고 배웠다. 그러나 실제 당시 신호등은 초록색이었다. 초록색을 파란색이라고 구분할 정도로 우리나라 국민들의 색감에 대한 구분은 후진국 수준이었다.

이랬던 우리나라 국민들에게 색감에 대해 보다 정밀한 안목을 갖추고 세계시장에서도 색으로 상품의 가치를 높이는 일 등이 가능하게 된 것은 컬러TV 덕분이라는 학자들의 주장도 있다.

한편 TV 보급률이 100%를 넘어서면서 더이상 부의 상징이나 계층간 갈등에서 벗어난 것처럼 보였던 TV가 또 다시 이 같은 논란의 전면에 서게 됐다. 다름 아닌 디지털TV의 보유 여부나 디지털 방송 가입 여부가 예전과 비슷한 격차를 낳고 있다는 것이다. 컬러TV가 우리 국민의 색에 대한 엄청난 의식 변화를 일으켰던 것과 마찬가지로 디지털TV 역시 많은 변화를 몰고 올 것이다. 이미 실시한 방송에 익숙했던 시청 형태는 주문형 방송으로 인해 방송시간을 맘대로 즐기는 형태로 변모하고 있다. 이외에도 각종 쌍방형 방송이 제공하게 될 서비스로 인해 우리 생활에 어떠한 변화가 일게 될지 자못 흥미진진해지는 일이 아닐 수 없다.

정부와 언론의 공생

역사적으로 신문은 사회 변화에 따른 특정 이념을 지향하며 정치적 입장을 분명히 한 정론지로 존재해 왔다. 따라서 귀족계급이 보는 신문과 노동계급이 보는 신문은 달랐다.

18세기 후반 유럽에서 일어난 산업혁명은 신문의 대중화를 이끌어냈고, 대중의 관심을 끌기 위한 흥미 위주의 기사 편성으로 신문은 탈정치화했다.

오늘날 뉴미디어와 방통융합매체의 등장이 신문의 영향력을 아무리 약화시킨다고 해도, 심층해설과 논평을 통해 사회 감시와 상관 조정 역할을 하는 주요 매체임은 부인할 수 없을 것이다. 신문은 다른 뉴미디어와 달리 사회 갈등을 해소하고 합의를 도출하는 여론을 형성한다. 결과적으로 기존의 사회 체제를 유지, 발전시킬 수 있는 영향력을 충분히 지니고 있다는 말이다.

신문이 중립적이고 당파성이 없는 듯 선언하고 행세하지만 실제로 모든 신문은 당파적이다.

J.H. 알철Altchull 인디애나대 언론학 교수는 〈지배권력과 제도언론〉에서 "언론이란 본질적으로 체제의 산물이며 권력의 이익에 봉사하는 도구적 존재일 수밖에 없다."로 결론지었다.

즉 어느 시대나 어느 체제를 불물하고 언론은 본질적으로 권력 의지를 위한 이데올로기 언론, 제도 언론으로 기능해 왔다는 것이다,

아무리 정부가 언론과 적대적 관계를 형성하고 있다 하더라도 언론은 정부와의 공생 관계를 벗어날 수가 없다. 만일 정부가 언론에 적절한 정보를 제공하지 않는다

면 언론은 제 기능을 십분 발휘하지 못하기 때문이다. 미국의 경우 신문이 보도하는 정보의 60%가 정부 및 관련 기관에서 제공되는 것처럼 정부와 언론은 상호 보완적이다. 국내에서도 비슷한 양의 정보를 정부가 공급하고 있다고 본다.

정부는 현 체제를 유지하기 위해, 혹은 특정 정책을 추진하기 위해 언론을 수단으로 적절히 활용하는 방안을 모색해야 한다 이와 함께 언론의 정부 비판과 정책 대안을 수용하고, 이를 토대로 정책을 실제 수정할 수 있어야만 정부와 언론의 관계가 공생할 수 있을 것이다.

'바다 이야기'가 모든 신문을 도배하고 있을 무렵, 언론인 출신 대통령 비서실장이 "그동안 언론은 뭐했냐."며 사회 감시 책무 태만을 지적했다. 이는 정부가 언론의 역할을 제대로 인정하고 있다는 긍정적인 신호다. 아무쪼록 정부가 비판과 함께 언론의 의견을 수용해 건강한 사회적 합의를 도출해내기 바란다.

서병호 수필집

행복한 금요일

인쇄 2023년 8월 16일
발행 2023년 8월 20일

지은이 서병호
발행인 서정환
펴낸곳 수필과비평사
주 소 서울시 종로구 삼일대로 32길 36(운현신화타워) 305호
전 화 (02) 3675-3885, (063) 275-4000
팩 스 (063) 274-3131
이메일 essay321@hanmail.net
출판등록 제300-2013-133호
인쇄 · 제본 신아출판사

ISBN 979-11-5933-480-1 03810
값 15,000원

Printed in KOREA